羅伯特・萊希（ROBERT L. LEAHY Ph.D.）—— 著　朱詩迪、李立心 —— 譯

為什麼他總是過得比我好？

耶魯博士教你告別佔有慾、不平衡、愛吃醋這些內心的關係炸彈

The Jealousy Cure: Learn to Trust, Overcome Possessiveness, and Save Your Relationship

目錄

第三篇　反轉嫉妒心理

序言

自從佛洛伊德著手探究達爾文理論在心理層面的意義以來，我們不得不承認，演化結果賦予我們某些令人不快的黑暗面。人類歷史就是在採用暴力與學習慈悲包容之間的反覆掙扎。我們最基本的動機根源是生存和繁衍基因，無論是爭奪資源或獲取性交（生育）機會，人與人之間的競爭皆由此而生。從上述的核心衝突之中，也衍生出各種動機歷程，從自戀、病態的自我競爭，到部落主義（tribalism）、歧視、羨慕，以及本書的探討主題——嫉妒。

作者羅伯特・萊希博士歷經數年的探索研究，試圖將本身對於人類內心黑暗面在演化及社會起源上的深入瞭解，結合人們的覺察能力，期使最終人人都能為自我黑暗面負責。我們愈是能意識到內在的驅使力量，愈是能主掌自我，並為自己的行為負起責任，而這也顯然是這本傑出鉅作的宗旨之一。

萊希博士清楚指出「嫉妒」（jealousy）與「羨慕」（envy）的相似及相異之處。**羨慕**，是我們認為某人或某些群體擁有的更多，而我們想要獲得他們所擁有的事物。敵對式羨慕會誘使人們破壞他人的擁有之物，而善意的羨慕能促使人們仿效他人，力求讓自己變得更好。**嫉妒**，則是三人（或三人以上）之間相互爭奪注意力，以及至少要比其中一人佔據到更有利的位置。一般來說，這與性關係脫不了干係，但也並非絕對。反觀嫉妒與羨慕的重合之處，在於它們皆存有對目標對象產生敵意行為的傾向，甚至到達亟欲傷害、摧毀對方的地步——是以出現了那句耳熟能詳的誓言：「若我無法擁有，誰也別想獲得！」

嫉妒的根源也可見於許多其他的物種，尤其顯見於稱作**配偶保衛**（mate guarding）的行為當中，意即個體（主要是雄性，但並非絕對）設法阻止他人接近自己的守護對象，另方面也試圖讓被守護的一方產生恐懼感。的確，誘發恐懼是很常見的一種嫉妒策略。在舊約聖經裡，耶和華上帝被視作「嫉妒的神」，祂將讓那些心懷背叛或違抗之意的人，飽受無止盡的苦難。「別離開，否則後果自負」這一箴言正是基於嫉妒者的威脅。

不難想像嫉妒對情感關係的殺傷力有多麼強大。嫉妒總是在愛的田地裡澆灌怨憤。嫉妒的力量足以驅動關係裡的各種衝突，像是被動攻擊，乃至家暴、情殺。嫉妒也通常是跟蹤行為的幕後指使者，甚或在追求的對象選擇情定他人時，引發報復作為。說到底，嫉妒往往就是將所愛之人推離身邊的罪魁禍首。然而，就如同與憤怒相關的種種情緒，嫉妒也總是能為自己找到合理化的理由。

在這本書中，萊希博士將透過自身擁有的豐富臨床經驗，帶領讀者探索這一常被忽視的個人與關係悲劇。他以深刻見解闡述嫉妒的來源，以及我們能如何應對。若你為嫉妒問題所惱，那麼這本書將讓你瞭解到，你並非孤軍奮戰，你所經歷的嫉妒衝動、刺激與痛苦，正是人類大腦的「傑作」，也就是說，是你的大腦在搞鬼！

萊希博士觀察細微，言及對象不僅是內心飽受嫉妒折磨的人，更包括那些淪為「箭靶」的嫉妒接收者。就在那些心生嫉妒的人屢屢表現出敵意行為的同時，接收者對於眼前的一切也往往羞於啟齒。他們可能會試圖逃避現實，甚至是自我欺瞞，而拒絕向外求助。確實，有許多受嫉妒言語或暴力攻擊的受害者，因為羞恥和害怕，而不願承認自己正陷入在如此的關係困境。這本書將有助於你察知自己是否為嫉妒關係的受害者，也將幫助你進一步判定是否該尋求專業協助。

本書在嫉妒特性與模式的透徹見解上，具有珍貴無比的價值。此外尤其重要的是，它能引導我們擺脫經驗嫉妒的羞愧感。畢竟，對自己誠實是為自我行為負責的重要第一步。我們無法完全掌控每一絲浮現在腦海的思緒感受，但我們可以為自己的行為及其產生的後果負責。歸根究柢，我們的生命短暫且受生物因素決定——打從出生到死亡為止，我們心底的慾望和渴望都遵循著那已演化超過數百萬年的大腦指示。即使基因是驅使我們占有與控制所愛的背後推力，但終究，我們得學會鬆開那些強烈慾望的韁繩，才能真正尋得內心的平靜，以及與他人的連結。

這是一本充滿深刻見解，並且能幫助你瞭解嫉妒，以及找到嫉妒解藥的重要著作。你將在作者觀察細膩、淺顯易懂且深具同理心的文字裡，學會如何對自我誠實，進而獲得安撫嫉妒心靈不可或缺的勇氣。克服嫉妒，最終意味著將自我從痛苦且消極的人類情感體驗中解放，而這就是引導你一步步踏上這段旅程的出色指南。

——保羅・吉伯特（Paul Gilbert）教授

導言

菲莉絲向來是大家眼中的開心果。她的歡笑充滿感染力，而且聰明伶俐、幽默感十足，待人和善可親。她極具魅力和創意，因此朋友無數。然而，對於男朋友麥可，菲莉絲卻飽受吃醋情緒折磨。妒意有時會將她整個人吞沒，更讓她感到反胃、焦慮和憤怒。當麥可獨自一人去參加派對時，菲莉絲會變得焦躁難安，此外她也非常介意麥可與前女友之間的來往聯繫。若麥可與他自稱「只是普通朋友」的舊情人共進晚餐，菲莉絲就會暴怒抓狂。菲莉絲覺得自己一定是哪裡出了毛病，因為她怎樣都無法將嫉妒的念頭逐出腦海。「我覺得我快發瘋了。」她的目光垂向地板，避開眼神接觸，如此向我說道。

再來看看史提夫面臨的情況。史提夫和瑞秋約會的初期，心中並無任何吃醋感受，但現在強烈的妒意和猜忌卻爬滿他的心頭。他會頻頻查看瑞秋的臉書、想盡辦法偷看她的手機，不斷找尋對方變心的蛛絲馬跡。史提夫不停揣想：「瑞秋是不是暗中在和別人搞曖昧？」「那個把她加為臉書好友的傢伙是誰啊？」「瑞秋現在是抱著騎驢找馬的心態嗎？」史提夫根本無法專心工作，也不想向朋友吐露這種彷彿只是庸人自擾的鬱悶，只好一個勁兒地藉酒澆愁。史提夫告訴我，「其實我沒有任何確切理由去懷疑瑞秋對我不忠，但就是沒辦法全然相信她。我實在難以忍受心裡的焦躁不安，所以有時候我會想，是不是結束這段關係，不必再為此牽腸掛肚，我就會好過一些？」

幾乎每一個人都會在某些時刻心生妒意，或者是對配偶、親密夥伴、朋友、兄弟姊妹或其他家庭成員產生嫉妒的念頭。透過本書，你將明白——嫉妒是很正常的一件事，且就如同愛和恐懼，皆為人之本性。嫉妒是一種極為普遍的情緒，不分種族文化、男女老幼，甚至連動物獸類也都會產生嫉妒感。我們之所以會感受嫉妒，是因為我們與他人擁有特殊的情感連結。因此，若這條連結紐帶面臨斷裂可能，我們就會備感威脅或是受辱。我們鮮少會因膚淺的人際關係而心生妒意，是以嫉妒也或許表示你在乎某人。然而，當嫉妒主掌自我（如同菲莉絲和史提夫的境況），我們除了亟欲掙脫，亦可能在過程中做出後悔莫及的事情。嫉妒足以為我們帶來嚴重的問題。

至今我已撰寫了二十五本心理著作——透過認知行為治療（cognitive-behavioral therapy, CBT）的方法來探討憂慮、焦慮、抑鬱，以及行為改變面臨的困境。雖然市面上不乏許多優秀治療師所著述的寶貴見解，但我卻感詫異，目前竟沒有以認知行為治療（CBT）的觀點來探究「嫉妒」的相關書籍。這實在說不過去。因為嫉妒涵蓋了許多目前已能有效治療的研究議題，像是憂慮、反芻思考（rumination）、自我批評、憤怒與衝突化解。是以這樣的書籍早該問世了。

在許多令人痛苦掙扎的心理難題當中，認知行為治療（CBT）儼然已成為全球高度重視的抑鬱及焦慮療法。它聚焦在你當下的念頭、行為與人際互動，從而為你帶來更能有效處理心理困境的自救工具。這本書網羅了各式各樣有力的技巧和概念準則，以此幫助你克服這一往往令人難以招架的痛苦情緒。我希望能提供你各種以更全面的視角來看待嫉妒的方法，進而不讓嫉妒駕馭你的人生。

我接觸過許多飽受嫉妒折磨的個案。他們深愛另一半，也真心渴盼相互信任與成長，只是，在嫉妒襲來之際，內心總是會掀起難以控制的焦慮和氣憤，以及隨之而來的內疚與羞愧。某位女士臉上淌滿羞愧和恐懼的淚水，訴說著她的失控抓狂使得感情破裂；某位男士由衷希望能和戀人長相廝守，但滿腔的妒意卻使他表現出質問和指控行為，甚至在社群網站上探查對方的一舉一動。另一位男士雖然深愛著妻子和三個孩子，但卻因為無法承受猛烈的嫉妒情緒襲擊，而萌生自我了斷的念頭；幸好他沒有這麼做，因此才能成功挽回那曾經被嫉妒感吞噬的婚姻。

嫉妒是充滿悲劇色彩的情緒，因為它源自於強烈的愛意與恐懼；而由此而生的舉動恰巧會損害那一段你亟欲保護的關係，且你的嫉妒念頭、情緒和行為更往往會伴隨著內疚和羞愧感。若你為嫉妒所苦，那你也許會猜想自己的心理健康是否出了問題，甚至懷疑自己是否有權利抱有一絲負面情緒。我們所處的社會文化隱約傳遞著這樣的訊息——痛苦沉重的情緒是不被允許的，假如這些情緒縈繞於心，那你八成是患了什麼心理疾病。但我誠心地希望你能明白，嫉妒是人之本性，也是擁有親密感和投入緊密關係可能歷經的過程。

遭受嫉妒困擾時，人們通常會徵詢身邊好友，甚或是治療師的建議，但有時不僅無所助益，事實上更可能讓情況惡化。以下是一些你或許曾聽過的回應，亦藉此說明它們有誤或無用的理由。

- **「想必你對自己很沒信心。」** 實際上，嫉妒也可能是自信充足造成的結果。也許你只是不容許別人做出對不起你的事情。嫉妒不該以此簡化而論。
- **「你必須轉移注意力。」** 刻意迴避嫉妒念頭反而會造成反彈效果。我們得學習接納浮現腦海的每一絲念頭，但不為其操控。
- **「試著正向思考吧！」** 這通常只會讓人更絕望。因為這若是你能獲得的王牌救星，你將發現它毫無用武之地。
- **「你為何要懲罰自己？」** 這完全偏離重點。因為嫉妒是企圖**保護**自己以免遭受背叛。
- **「你不該有嫉妒的感覺。」** 每一個人皆有產生自我情緒感受的權利。這種剝奪權利的方式，只會讓你因為被否定而更加受挫。
- **「我沒有做錯任何事！」** 這句話也許屬實，但若招惹你嫉妒的對象是這般回應，可能會使你更拼命去找出似乎被隱藏的真相。

- **「你應該要相信我。」**被命令或要求信任的做法鮮少見效。因為你的糾結掙扎或是你之所以會產生這種感覺的原因，似乎得不到對方的嘗試理解與接納。
- **「唉，你這個人沒救了。」**這只會加劇被否定和被拋棄的恐懼，也使嫉妒感不減反增。

雖然上述說法都情有可原，但卻無一管用，因為它們和你的直接感受無關，也無法幫助你應對這些負面情緒。由於嫉妒是基於關係受到威脅而生的情緒感受，因此接收到批評、漠視或訕笑的回饋，只會讓你更厭惡自己，甚至加劇嫉妒。那麼，你該如何以真正有效的方法主掌你的嫉妒心理呢？

提供你有效方法是本書的主旨之一。我希望能讓你瞭解「嫉妒」究竟為何物？畢竟，嫉妒是一種涵蓋了許多困擾人心的情緒，像是氣憤、焦躁、無助、憎惡、絕望等的強烈情感。此外我也期盼你能明白，在嫉妒情緒裡，你並不孤單。

本書的另一目標是檢視你所做出的選擇（這些選擇可能會使你的感情崩毀，也可能讓關係變得更穩健）。當你心生妒意——當你強烈感覺某人不可信任時，接下來你會怎麼做呢？嫉妒的念頭和感受會誘發某些常見的反應及行為模式，諸如：

- 質問

- 尋找背叛的蛛絲馬跡
- 試圖控制對方
- 施予懲罰
- 過度擔憂遭受背叛
- 提心吊膽、害怕背叛的噩夢成真

事實上，你不需受內心每一絲念頭感受的奴役，你能決定自己的實際行為，也能選擇更理想的回應方式。這本書將會教導你如何面對湧現心頭的想法和情緒；即便你無法徹底擺脫嫉妒侵擾，但你可以選擇不受其駕馭、不毀壞關係的應對做法。

這本書的內容絕不會告誡你不該心懷嫉妒，或是數落你的行為不理智，更不會要你「咬牙撐過去」。當嫉妒有其合理依據時，也許你就該堅定態度，與伴侶一同解決問題，並設定關係裡的某些界線。藉由嫉妒的發生，或許能讓雙方更清楚瞭解彼此對這段關係的承諾，進而著手找出彼此都認可的相處原則，建立相互理解——這些都是構築信任的途徑。嫉妒有時也能顯露出這段感情的需要，無論是承諾、誠實、透明度，抑或是更多的選擇空間。

你的嫉妒感受並不代表壞事即將發生。反之你能藉此檢視事實，而非只是深陷在自我思緒和感受的泥淖之中。情緒未必能準確預言事實。由於嫉妒是一股強烈巨大的情緒，因此想退後一步，並與之保持距離似乎不太可能。然而，若你能放慢思考，暫時為情緒騰出空間，進一步反思自我念頭，也許眼前的一切就會有所不同。或許，你可以避免自己淪為思緒感受的俘虜。

若你的另一半常因為你而嫉妒，這本書將有助於你理解對方的內心經歷，也能讓你明白為何蔑視的回應態度永遠無濟於事。作為嫉妒「箭靶」的你，切身體會在親密關係裡遭受指控和不被信任的委屈苦楚。然而，不妨和另一半一起試著學習以更好的方式，來面對這些痛苦感受。這本書也將引領你們一起尋得關係裡的共識和原則。嫉妒並不會因你殷殷期盼它消失而消失；事實上，當因嫉妒而生的爭吵和負面行為減少時，它也許是關係中的兩人能夠學會接納、包容，乃至尊重的情感。

本書的最終目標是希望能讓你理解——由於嫉妒是人之本性，且並非百害而無一利，是以不該蒙受汙名，或是令人感到羞愧、難以啟齒。實際上，它可以幫助你發現這段關係裡需要補強的面向。至今我已協助了數百名個案學會掌握自我的嫉妒心理，並從嫉妒帶來的苦痛中找回自由。踏上這段閱讀旅程，也一起找回屬於你的自由吧！

第一篇

關於嫉妒的熾熱

第一章
競爭情緒的演變

即便是極具理智和邏輯思考的人也會為嫉妒情緒吞噬，並被隨之而來的怨憤、焦慮和無助感綁架。演化心理學家戴維．巴斯（David Buss）回想他在大學時期曾認為，假如交往對象想和別人上床，他是無權反對的——因為對方的身體並不屬於他，所以理當能隨心所欲，做她想做的任何事情。然而，在他實際有了女朋友之後，他可不這麼認為了。這樣的想法轉變並不希罕，而是幾乎人人都會如此。

在所有情感體驗之中，嫉妒或可堪稱最棘手，也最危險的情緒。它是面臨背叛或拋棄威脅而生的猛烈情感——是我們對於眼中的闖入者或競爭者燃起的怒火，亦是深怕自己的信任也許會遭對方踐踏而生的一股怨恨。嫉妒是一種原始、根本且有時狂暴的情緒。它足以將人吞沒，足以操控你的內心和頭腦，並讓人感覺陷入了焦慮和無助的深淵，不知所措。

何謂嫉妒？

當我們感覺自己擁有的**特殊關係**遭受威脅時，就會產生嫉妒。我們害怕伴侶或朋友會冷落自己，轉而和別人變得要好，是以失去對方的關注讓我們備感威脅。嫉妒並不會憑空出現——它實際上涉及到**三個人**，亦即有「第三者」威脅到我們原有的特殊關係。我們可能會對愛人、朋友、家人、同事產生嫉妒心，也可能很倒楣地，對於踏入自我社交場域的每一份子都嗅覺出威脅氣味。我們害怕擁有的一切會快速崩毀，而自己將蒙受屈辱，落入被邊緣化以及被拋棄的境地。

人們經常把「嫉妒」與「羨慕」混為一談。羨慕產生於我們認為別人比自己占得某種**優勢**（有時是不公平的結果），並且對於對方的成功心生反感——因為我們從中看見了自身的劣勢——別人的**成功**就代表我的**失敗**。我們會對那些在自我重視的領域裡相互競爭的人產生羨慕之情：若是在商界，我們會羨慕日進斗金的人；若是在職場，我們會羨慕在職位上平步青雲的人；若是在學術界，我們會羨慕那些獲得經費或出版論文的人。

因此，羨慕與「**比較**」有關，嫉妒則是出於**某段關係遭遇到威脅**。雖然嫉妒和羨慕是截然不同的情感，但是我們對於同一對象，往往會同時感到嫉妒與羨慕，理由在於，兩者都是關於自我意識到與他人競爭——而自己有可能被打敗。本書將聚焦探討嫉妒。

我們是如何感受嫉妒？

嫉妒並非單一情緒，而是揉合了多種強烈且令人摸不著頭緒的感受，像是氣憤、焦慮、恐懼、困惑、激動、無望、無助、悲傷……等。事實上，置身在愛情關係裡的人，一方面會因自我察覺到的感情不忠產生嫉妒，另一方面也可能會對不忠行為的幻想而湧現性慾。我們之所以會感到茫然與無所適從，是因為我們往往認為自己不該同時懷有多樣情感。痛苦的負面情緒與愛的正面情感相互交雜，形成又愛又恨的混亂感受。我們只想要體驗同一類型的情感——要不就是正面情緒，要不就是負面情緒——但我們所經歷到的，往往是如海浪般襲捲而來，並將我們吞噬淹沒的雙面情感。

人們常說自己「感到」嫉妒，但嫉妒其實也包含了各種**思緒**樣態。我們猜想著「他對某人有好感」或「她會把我甩了」，或認為「我的另一半怎麼可以覺得別人很有魅力」。我們對於自己應該要知道的事情有所想法：「嗯，我得要徹底搞清楚現在是什麼狀況。」而倘若我們無法獲得解答，又會產生這樣的想法：「我不知道的真相會帶給我傷害。」

人們通常會藉由尋求安撫和提出尖銳質問來進一步**採取行動**。我們可能會跟蹤、監視對方，偷看對方的電子郵件和簡訊，利用色誘或甜言蜜語來套話，查看對方的行車記錄器，嗅聞對方身上是否有陌生的香水氣味，偷翻對方的手提包，向旁人打聽內情，或是直接威脅伴侶。我們會咆哮怒罵、盤問對方，或者賭氣、轉身離開。在這一嫉妒戰場裡，我們選擇堅守或是迴避。

所以說，嫉妒並非「只是一種感覺」，而是包含了眾多情緒、感覺、想法、行為、疑問及控制對方的策略。嫉妒的能量來自於想要**確切知道真相**的過度渴望，進而導致人們漫無邊際地想像各種自己尚不知情，但有可能真實上演的悲劇情節。我們想盡辦法要知道及掌控一切，卻也往往將心中念頭、臆測和感覺，全都當作是自己最恐懼發生的事實一般看待。然而，感覺並不代表事實。

純粹浮現嫉妒的感受或念頭並沒有什麼大不了，真正的問題在於隨之而來的各種行為和控制手段，換言之，你做出的**反應**是使你陷入泥淖的首要原因。焦慮引發的連鎖反應有時會以迅雷不及掩耳之勢快速展開，是以往往讓人對自己的所言所行都不敢置信。總歸說來，心生妒意是一回事，因嫉妒採取的行動又是另外一回事。這一部分將在之後的章節深入探討。而為了讓你更能掌握嫉妒的反應，我們不妨先從瞭解嫉妒的整體樣貌著手。

回顧演化

達爾文的偉大洞見清楚地揭示，所有物種的發展歷程都是為了求生存。我們的祖先曾受飢寒交迫的威脅，面臨外來侵略者攻擊、被同一部落或社群的同伴殘殺，以及做出強姦、殺嬰等行為。生命從出生那一刻起，就是一場奮戰，而過程往往是相互鬥爭。我們不難想到許多似乎是人類天性的重要特質——像是嬰兒的依附心理、抵禦威脅、懼高、幼兒對陌生人的恐懼、當眾演講的焦慮、對伴侶和孩子產生強烈的情感依賴——而我們也能發現，上述的每一項特質亦存在於許多其他的物種，因為它們皆有助於生存。

所謂生存，就是要在競爭中獲勝。手足、同事、求愛者之間存在著競爭，而嫉妒就是對這種威脅的最初感知，也是為了保護自己而衍生的一種策略。然而，放眼當今社會，嫉妒卻也可能造成婚姻破裂、朋友遠離、手足離散的局面。

所以說，嫉妒是其來有自，人們拿它一點辦法也沒有？當然不是。認知到嫉妒在演化過程裡有其根源，並無法合理化因嫉妒而生的暴怒抓狂、猜忌或報復行為。人們因為恐懼不安而採取的本能反應在十萬年前能帶來幫助，但如今卻造成問題重重。過往的良方可能是現在的毒藥。

瞭解演化模式有助於人們理解，嫉妒情緒之所以會如此強大猛烈的原因。然而，引發嫉妒的恐懼也如同某些人懼高、怕水、怕狗、不敢待在密閉空間，或害怕行走於荒郊曠野，這林林總總的恐懼至今已失去原本的效用。貼近演化觀點的生存環境，並非二十一紀我們所生活的城市、郊區和城鎮。演化並無法為嫉妒帶來正當理由，僅能幫助我們理解為何嫉妒情緒是如此普遍和猛烈，因為我們天生被賦予的大腦早已演化出這些恐懼。

遠古祖先在那早已遠逝的時代裡，不斷遭受各種威脅，**生活就是為了求生存**，而讓自己的基因存活延續更是首要大事。某人可能因作戰而死亡，但如果他的基因存活了下來，那麼他的特徵就能遺傳至下一代，因而通過了演化適應力（fitness）的考驗。演化適應力有兩大關鍵：繁衍，以及後代的存活。某人也許生下了許多孩子，但如果他們無一存活，那麼適應力也隨之消亡。同樣地，如果孩子得不到哺育照顧，基因也無法順利傳遞。這就是嫉妒產生的根源。

嫉妒的演化

演化有助於我們理解嫉妒背後壓倒理智的激情與狂熱——比方說，失控的莫名憤怒讓人在事後驚詫於自己表現出的情緒和行為、對於伴侶另結新歡的極度恐懼、各種能察覺謊言的方法、各種能瞞騙對方的招數……等。我們受到與生俱來的強烈情感驅使，如此的情感千百萬年來為我們的祖先帶來保護，但如今卻可能會讓我們失去眼前所愛。在此有兩個相關的演化觀點：**親代投資理論**，以及**爭奪有限資源**。就讓我們一同來探看箇中含意吧！

親代投資理論（parental investment theory）

這一理論認為，如果我們在延續另一個體的生命當中，投注了較高的基因成本，我們將更致力於分享資源和養育後代。相較於無血緣關係的人，人們更傾向於保護和照顧擁有共同基因的個體，例如親生子女、兄弟姊妹、近親。

如此說來，嫉妒是一種**保護策略**。如果某個男人不確定自己是否是孩子的親生父親，那麼到頭來他可能照顧的是陌生人的基因——從而犧牲了傳遞自我基因的可能。由於女人始終確知孩子擁有自己的基因，是以較不會因為孩子的父親身分或是性行為而心生嫉妒，而是更容易受到男性伴侶能提供的保護和資源所影響。女人會想要確保自己能獲得男性伴侶的保護和照顧，因為如此才能提高後代的存活機率。男女兩方都會抵禦競爭者的侵入，而當彼此的基因投資受到威脅時，便會產生嫉妒心理。

延續此一理論脈絡，研究也顯示出，男性較有可能因為察覺到對方**肉體出軌**而嫉妒，因為如此就難保自己是否為孩子的親生父親。女性則較有可能因為意識到伴侶與別的女人之間在**情感上的親密**而產生嫉妒，因為這暗示著自己據有的資源和保護將拱手讓人。雖然無論男女，都可能同時產生這兩種嫉妒情感，但整體說來，男性較常表現出**性嫉妒**，而女性則較容易產生**依附嫉妒**。

如果嫉妒具有演化基礎，那麼我們應能在不同的社會文化裡找到應證。確實，性別之間的差異——男性較介意肉體出軌，女性較關切情感不忠的情形，在美國、德國、荷蘭、中國皆然。然而，這種演化傾向也受到文化差異的影響。在特別重視節操的文化裡，男性的嫉妒感較為強烈。我們對於發生在巴基斯坦或孟加拉等地的「名譽處決」（honor killings）都不陌生；不貞的恥辱足以導致遭強暴的婦女被迫嫁給強暴犯，或是被亂石活活砸死。

爭奪有限資源

與嫉妒有關的第二項演化理論強調資源的爭奪，而這也有助於我們理解嬰兒的嫉妒表現，以及手足之間的嫉妒心理。兄弟姊妹會相互爭奪食物和父母的保護，因而很容易產生嫉妒。嬰兒則會因為母親的注意力移轉到其他孩子身上而心生嫉妒。在一項以六個月大的嬰兒為對象的研究中，研究人員發現，相較於母親將注意力轉向非人類的物體，嬰兒更容易因為母親與其他孩子互動，而顯露出痛苦情緒，並試圖引起母親的關注。對嬰兒來說，比起無生命的物體，「同類」更具威脅性。

四歲的蓋瑞對於妹妹菲莉絲的出生，顯得既興奮又有點擔心。隨著妹妹一天天長大，蓋瑞也漸漸感覺到自己和爸媽的獨享關係受到了威脅。他時而和妹妹開心玩耍，時而搶奪妹妹的物品，他的行為甚至開始退回到嬰兒階段的狀態。

手足之間為什麼會相互競爭呢？人類歷經的大部分演化時期，都面臨著食物資源的匱乏，是以兄弟姊妹必須爭相奪取食物以及照護者的注意力和保護。某些物種繁殖過剩，後代就可能因為缺乏食物而死亡。這種過度繁衍的行為，或可視為一種確保後代存活機率的策略，但卻也導致手足之間的競爭（有時甚至自相殘殺）。一般來說，母豬會產下比可供哺育的乳頭數量還多的一窩豬崽，而不夠強壯、競爭力薄弱的豬崽就會死去。演化理論學家將此種繁殖過剩的傾向稱作「倉儲」（warehousing）行為。說來殘酷，但如此的行為恰好說明了嫉妒在相互競爭世界裡的本質。

手足之爭不無道理。同樣地，在資源匱乏的世界裡，若被排拒在盟友關係之外，可能也不會有什麼好下場。倘若我的遠古祖先們遭受族人的排擠，那麼他們想必較難享有族人之間的狩獵成果，是以可能早就死於飢餓。換言之，我就不會出現在這個世界上。

嫉妒普遍存在於不同物種。根據飼主描述自己從寵物身上察覺到的嫉妒表現，得出下列程度結果：狗（八一％）、馬（七九％）、貓（六六％）、鳥（六七％）、老鼠（四七％）。狗會對其他狗類表現出嫉妒，並會因而發出低吼聲、緊迫盯人、以身體隔開主人與其他狗之間的接觸。我自己則是養了兩隻公貓，丹尼和法蘭奇。法蘭奇是在四週歲的時候成為我們的家庭夥伴；就我觀察，一開始牠與丹尼之間的相處極為融洽，兩隻貓咪會互相玩耍、睡在一塊兒、幫對方理毛。然而，隨著法蘭奇漸漸邁入成貓年紀，並且變成一隻體型壯碩的霸王貓，牠開始對丹尼獲得的所有關注感到吃醋（牠的攻擊行為使其嫉妒昭然若揭）。就如同人類會心生嫉妒，寵物也不例外。

歷史觀點

關於嫉妒的故事比文字的記載還要古老。在聖經《創世紀》中，該隱（Cain）對亞伯（Abel）的嫉妒之心使得人性蒙上最初的陰影，而這也標誌出猶太教和基督教上帝與子民之間的關係本質——明載在十誡中的第一條誡命，亦揭示於《出埃及記》——「你不可跪拜那些像，也不可侍奉他，因為我耶和華——你的神，是嫉妒（忌邪）的神。」

嫉妒也是希臘神話與文學的核心主題。例如，女神赫拉（Hera）對那些攫走丈夫宙斯（Zeus）目光的眾多女人展現強烈嫉妒。美蒂亞（Medea）遭丈夫伊阿宋（Jason）背叛，進而殺死了兩人的孩子作為報復。海倫（Helen）對丈夫梅涅勞斯（Menelaus）的背離，引爆了特洛伊戰爭……。

然而，在中世紀的歐洲，嫉妒被視為是與榮譽密不可分的一種必要，乃至正向的情感。十二世紀的學者凱普拉納斯（Andreas Capellanus）在其著作《宮廷愛情藝術》（The Art of Courtly Love）裡闡述了強烈愛與嫉妒的重要性，他寫道，「不嫉妒的人沒有能力去愛。」「猜忌引來嫉妒，以及更強烈的愛。」對於一個高尚騎士來說，在追求愛情的過程裡若受到「挑釁」而心生嫉妒時，不主動和對手來場決鬥是可恥的表現。另外，在莎士比亞的劇作《奧賽羅》中，心懷不軌的伊阿古（Iago）挑唆奧賽羅對妻子苔絲德夢娜（Desdemona）的貞潔起疑生妒，進而使奧賽羅殺害了清白無辜的妻子。奧賽羅將自己的嫉妒之心，描述為是一種「愛得不智，卻又太深」的情感。雖然他的行為恐怖殘酷，但卻是出於愛與榮譽，因此他在這齣戲劇裡被視為是悲劇英雄，而非邪惡反派。

到了十九世紀，嫉妒漸漸被人們看作是擾亂家庭和諧的禍害。維多利亞時期（一八三七至一九〇七年）注重家庭和睦以及克制強烈情緒的觀念，嫉妒實際上是被禁止的，因為人們認為，嫉妒會使美滿家庭支離破碎。

時至今日，在美國和大部分西歐國家，人們所認知的嫉妒是一種應該為之羞恥，且必須隱藏不露的低劣情緒。調查顯示，美國人相較於其他西方國家的人們，更普遍地認為嫉妒就是代表自己的心理有毛病。因此就某種程度上來說，**嫉妒淪為一種秘密進行的心理活動**；不再是愛與榮譽的象徵，反而被貼上缺乏信任能力、失控、神經質和丟臉的負面標籤。但，嫉妒當然沒有因此銷聲匿跡，不管是在流行文化或日常生活裡都仍可見其蹤影。與嫉妒相關的流行歌曲，例如《道聽塗說》（I Heard It Through the Grapevine）、《妳的每一次呼吸》（Every Breath You Take）、《嘿，嫉妒》（Hey Jealousy）、《嫉妒的傢伙》（Jealous Guy）等，說明著我們並不是心生嫉妒情緒的唯一「患者」。現今人們有更多的管道能夠認識新朋友、偷情、下載色情影片，或是在網路上偷偷和別人搞曖昧，而這些「機會」都可能讓某些人更沒有安全感，以及承受莫大的不確定感。身處在二十一世紀的人們，生活周遭充斥著誘發不安全感的媒體，從大肆灌輸我們最好要擁有怎樣的

「完美」體態，乃至色情影片裡對於性愛完全不切實際的描繪。人們很容易就能「窺視」他人生活的皮相，但卻很難探見其背後的真實。倘若人們希望餵養心中的嫉妒，那麼如此的環境裡供應了無數的養分。

再婚家庭中的嫉妒

雖然人們普遍認為嫉妒較常出現於愛情關係，但事實上，在所有重要關係裡，嫉妒都可能會構成問題。嫉妒往往是「重組家庭」（reconstituted families）面臨到的重要課題；重組家庭中的孩子必須應對與離異雙親、繼父母和新的兄弟姊妹之間的相處問題。當今約有一億名美國人處於再婚家庭的關係之中，而在所有的已婚夫妻家庭裡，有百分之三十五的比例包含了再婚子女。在英國甚至出現了一個專門為那些憎惡再婚子女（或感覺與之競爭）的繼父母而架設的網站。孩子在面臨父母離異，接著迎來新媽媽或新爸爸的過程裡，心中難免會有背叛、怨憤、焦慮和厭惡的感受——簡言之，就是**嫉妒**。

三十多歲且已婚的卡菈，得知父親在離婚後結交了新伴侶，並希望介紹彼此認識。然而，就如同許多父母離異的成年子女，卡菈面對家人關係的變動，不禁心生反感：「他怎能篤定認為我會想見這個女人？他和媽媽才分開不久，而且他還曾騙我說他們之間沒問題。現在憑什麼要我相信他？」在卡菈的眼中，父親的新歡是硬生生闖入別人家庭、撕裂家人關係的不速之客。另外，卡菈也認為她與父親之間的特有親情將被削弱，因為這個女人將篡奪家人在父親心中的地位，是以她絕不能背離母親，她必須站在母親的陣營！然而，這也意味著她得要繼續對父親心懷怨恨。

職場嫉妒

工作得來不易，因而工作保障的議題也始終備受關注。二〇一二年，一份工作的平均任期為四年兩個月。有鑑於此，職場裡暗藏著許許多多的嫉妒誘因——「哼，傑克都會接到比較厲害的案子。」「唐娜竟然升遷了，我也應該要受提拔才對啊！」「艾瑞克每次都能和老闆出去吃飯，而我連一次都沒被邀請過。」「除了我之外，似乎所有人都拿到了卓越服務獎……」公司裡的地位或勢力變動，可能會取決於誰成為了老闆的寵兒——以及，誰被納入團體內，而誰又被排除在外。

瑪麗安娜（Marianne）經常覺得自己被同事排擠，她說：「他們都不約我出去，而且不管做什麼事情，都會直接把我略過。」她漸漸不與同事來往，另一方面也埋怨老闆遲遲不給她升遷機會。由此而生的憤恨與嫉妒，造成她與其他同事之間的隔閡。飽嚐被排擠滋味的她，轉而開始封閉自我。於是，情況陷入惡性循環……

社交媒體助長嫉妒心理

社交媒體為我們帶來了更多感受機會——從別人似乎享有我們始終渴望擁有的友情和交往關係中，感覺自己受冷落、遭嫌棄，甚或是被任由自生自滅。我們在內心獨白：「為什麼我沒有被邀去那場派對？」「為什麼我沒有被標註？」「她的人生真是完美啊！和她相比，我幾乎是一無所有。」「要是我也能像他那樣去旅行，那該有多好啊……」

保羅在瀏覽羅恩的臉書發文時，發現羅恩和賴瑞、肯恩、南西，相約去坐船旅遊，四人自顧自地玩得不亦樂乎——完全沒有把他放在心上。他一想到自己又被人忽略，心中不禁滿腔怒火，更覺得自己被公開羞辱了。

重點摘要

本章提及的若干重點有助你明白「嫉妒」並非對你一人情有獨鍾。請參考以下摘要：

- 嫉妒是一種包含了焦慮、氣憤、無助、無望和悲傷的強大情緒。
- 「感覺」嫉妒與表現嫉妒「行動」，兩者有所差別。
- 你並不孤單——幾乎每個人心中都會掀起嫉妒波瀾。
- 演化使得嫉妒成為根深蒂固的人性。
- 嫉妒是一種基於親代投資（對於後代基因投資的保護）與資源爭奪（手足競爭）的防護策略。
- 感情上，男性嫉妒的主要誘因是肉體出軌，女性則為情感上的不忠。
- 嫉妒從古至今，由來已久。
- 嫉妒也會發生在嬰兒、孩童及動物身上，並可見於不同的文化之中。

至此，你應能懂得嫉妒是人之本性，是以強烈澎湃的嫉妒可能是源自於不由自主的本能反應——這些都是當你面對嫉妒侵擾時的重要認知基礎。在下一個章節，你將能進一步檢視自我的嫉妒心理，並探究嫉妒是如何影響你的人際交往。緊接著在第三章中，你將瞭解到嫉妒與你過往經歷的關係、個人信念、個性之間的關聯。對於嫉妒及自我感受愈是多一份瞭解，就愈能妥善處理這些情緒。

第二章
你為嫉妒苦惱嗎？

每個人都難免有嫉妒的時候，所以真正該去思考的問題是——嫉妒是否演變成你的困擾？雖然說你有產生各種情緒感受的權利，但另方面，檢視嫉妒究竟對自我日常生活造成多大的影響也非常重要。嫉妒是否搗亂了你的愛情、友情、親情，以及與同事之間的相處呢？你是否……

- 由於嫉妒情緒，而抱怨、發脾氣、陷入無法自拔的負面思考、憤恨、逃避，或是以刻薄話語貶斥家人、朋友和同事？
- 嫉妒是否導致你與他人的關係倏然結束？
- 你是否會久久懷恨在心？
- 你是否會向同事大肆抱怨，甚至還因此差點丟了工作？

- 你是否意識到自己無法擺脫嫉妒的思緒和感受？
- 你是否覺得由於嫉妒掌控了你，所以你才會別無選擇地做出某些行為？
- 嫉妒是否讓你變得抑鬱寡歡？
- 你是否有時感到絕望無助？不僅是對眼前的關係，也包括自己總是沒辦法擁有不被嫉妒侵蝕的人際交往。
- 你是否會因為嫉妒而口不擇言，因此說出事後後悔不已的話語？

除此之外，也不妨藉由回答問卷來誠實評估你的嫉妒想法、感覺和行為。該份問卷量表共有三十道題目，內容是關於引發嫉妒的原因，以及針對這些誘因，你會如何應對？

嫉妒量表

這份量表可評估各種可能的反應及嫉妒感受的產生頻率，其重點在於瞭解你會如何感受和回應感情裡的某些事件？你的作答結果並不意味著，你不應該產生某些感覺、想法或行為，也不代表你的另一半就對你死心塌地，或是你的嫉妒根本是自尋煩惱。另外，這份量表主要是為異性戀伴侶處理嫉妒問題而設計，但同性戀者也同樣能套用於你的戀人或配偶，又假如你目前單身，那就試著回想過往的感情經歷吧！

暫時放下理性思考或判斷，盡可能如實回答。此外也不妨設想，在你感到不悅或不安的情境裡，你會如何答覆這每一道題目。答案並無對錯，目的僅在於瞭解當你的感情出現某些情況時，你的思考、感覺、行動及溝通方式為何？

請就下列題目敘述的嫉妒行為、想法和感覺，來衡量你的感受程度，並拿出紙筆記下符合感受頻率的代碼。

從不：0
很少：1
偶爾：2
經常：3
總是：4

1. 我會追問伴侶的過往戀情。
2. 聽聞伴侶的舊情往事，我的心裡會很不是滋味。
3. 我會拿自己與伴侶的舊情人做比較，並因此感到心煩意亂。

4. 當我對某事起疑時，我會質問伴侶來弄清楚事情真相。
5. 當我不在伴侶身邊時，我會查問他（她）現在正與誰交談，或是身旁有誰。
6. 我會試圖打斷伴侶與其他異性的交談。
7. 我會試圖查看伴侶的電子郵件或簡訊。
8. 我會檢查伴侶的通話或訊息記錄。
9. 我會查看伴侶的行車記錄，以掌握他（她）的真實行蹤。
10. 我會向伴侶尋求能夠放心信任的保證。
11. 當我對某事起疑時，我會逃避和伴侶溝通。
12. 我會指控伴侶對別人產生情愫。
13. 我會央求伴侶不要和別人戲謔交談或打情罵俏。
14. 我會批評伴侶或是負面評價他（她）可能懷有好感的對象。
15. 我會試圖讓伴侶產生內疚感。
16. 當我吃醋時，我會試圖激怒伴侶，使兩人陷入唇槍舌戰。
17. 當我吃醋時，我會試圖以刻意討好伴侶的方式來獲得安心或紓解。
18. 為了查明實情，我會跟蹤伴侶。
19. 我會以分手、分居或離婚威脅伴侶。

20. 我會以暴力威脅伴侶。
21. 我曾在醋勁大發時，以暴力傷害伴侶。
22. 我會試圖不讓伴侶離開身邊，或是阻擾他（她）做事。
23. 我會向伴侶批評自己。
24. 我期待遇見新的對象。
25. 為了讓伴侶吃醋，我會嘗試故意和別人曖昧。
26. 我不信任我的伴侶。
27. 我擔心我的伴侶對我不忠。
28. 當伴侶身邊出現可能會讓他（她）心動的異性同事或朋友時，我會非常不爽。
29. 如果伴侶碰觸、親吻某人或者與別人共舞，我會很不高興。
30. 如果某位異性似乎對我的伴侶有意思，我會深感不安。

現在就來檢視你的作答結果吧！你是否能從中探察出自己的固定反應模式？當你的腦海裡浮現伴侶和別人在一起的畫面時，你是否會感到焦慮、氣憤或沮喪呢？若你在這份問卷中，有四題以上的答案是「偶爾」，那就表示嫉妒可能在你目前或是過去的感情裡造成問題。若累計分數超過十二分，則是代表你可能會因為嫉妒而感受莫大痛苦。

處理嫉妒情緒

接下來要進一步探討的問題是，你會如何處理嫉妒情緒？也就是說，你的實際作為是什麼？一般包括有審問、檢查、跟蹤、退縮等其他行為。

- 你會用彷彿需要對方做自我辯解的說話方式和伴侶溝通嗎？
- 你會借題發揮，並暗指伴侶不可信任嗎？
- 你會查看伴侶的社群軟體、定位系統、手機、電子郵件嗎？
- 你會向其他人探問消息嗎？
- 你會賭氣、抽離情感、搞失蹤、拒絕做愛嗎？

你也可能會嘗試限制或控制伴侶的行動，試圖阻撓伴侶和假想情敵的相處機會。

- 你會因為嫉妒而試圖說服伴侶不要和某些人來往嗎？
- 你會要求伴侶必須在有你陪同的前提下，才能和某些人來往嗎？
- 當伴侶不在身邊時，你會要求他（她）必須勤於報備嗎？

- 你會要求他人向你回報伴侶的一舉一動嗎？

嫉妒會讓你的心思盤旋在過去，或是無止盡地猜想眼前的狀況，更可能讓你憂心未來——他（她）最終究竟會搞出什麼花樣？或是你該如何面對失去對方的生活？

- 對於伴侶的舊情往事，你會反覆思索、耿耿於懷嗎？
- 你經常拿自己與伴侶的舊情人做比較嗎？
- 當你想起伴侶的過往戀情時，你會對眼前的關係或是自己感到不滿嗎？
- 你認為另一半會背叛你，另結新歡嗎？

嫉妒也可能與自我懷疑有關。

- 假如伴侶覺得某人很有吸引力，你會認為這意味著自己的條件比較差嗎？
- 假如某位友人總是花較多時間和其他朋友相處，你是否會斷定這代表自己很無趣？

嫉妒足以對你的人際交往造成多方面的影響。試想下列的陳述表現是否符合你與伴侶、家人、朋友或同事的相處經驗。

- 爭吵不休
- 抽離情感
- 強烈依賴
- 刻薄嚴厲
- 冷戰或拳腳相向
- 刻意迴避
- 在關係裡感到痛苦折磨
- 做愛頻率減少
- 感情變淡

在檢視你是如何面對嫉妒情緒的同時，也不妨聽聽肯尼的經歷吧！肯尼與路易絲交往七個月了。兩人在相識之前，都曾有過戀愛對象與性經驗。然而，肯尼現在卻很擔心自己可能無法信任路易絲。藉由嫉妒量表的反思，他發現自己有以下情形：

- 他認定祖安（路易絲口中的「哥兒們」）骨子裡是想追求路易絲，或是想和她上床。
- 他猜想路易絲對祖安的感情可能超過普通朋友。
- 路易絲有時會在工作上和其他年輕男子合作案子，這讓他非常不開心。
- 他會質問她與祖安以及其他異性之間來往的簡訊內容。
- 他會仔細查看她的臉書頁面，確認是否有任何她與「可疑」男子（尤其是祖安）的合照。
- 他會仔細追問她昨晚的行程。
- 他會指控她對祖安的情感不單純。
- 他曾嘗試登入她的電子信箱。
- 他曾考慮跟蹤她。

雖然沒有任何跡象顯示路易絲劈腿，但肯尼「需要再三確認」路易絲是值得信任的對象。

想像不嫉妒的人生

你的醋意也許不像肯尼那樣猛烈——也或者是，有過之而無不及。不管怎樣，藉由回答上述的種種問題，應能讓你意識到嫉妒是否開始掌控你的生活。除此之外，也不妨思考如果你的嫉妒減少了，你會有怎樣的不同感受？

- 關係會獲得怎樣的改善？
- 若你不再因為嫉妒抓狂，雙方是否就能獲得更妥善的溝通？
- 你的焦慮和悲傷感受會減少嗎？或是，你可以不再那麼常因為衝動言行而感到懊悔不已？
- 你的伴侶又會如何看待這樣的你呢？

這並不是指你不可以懷有負面感受。本章的目的在於，幫助你意識到自己為這些情緒折磨、困擾的程度，還有它們是否阻擾了你與他人之間的相處。在下一章裡，我們將探討你的過往關係，以及你對關係抱持的信念會如何導致嫉妒心理？

第三章
依附與承諾

史提夫小時候總覺得爸媽似乎無時無刻都在爭吵。比方說，爸爸一回到家，媽媽會怒氣沖沖質問：「你跑去哪裡鬼混了？」爸爸好幾次離家出走——有次是一整個星期不見人影，有次甚至長達兩個月——但他最後總是會回來。史提夫始終提心吊膽，擔心爸爸可能會從此一去不返，也害怕媽媽如果也離他而去，那就只剩下他孤苦伶仃一人。面對爸媽的爭吵冷戰，史提夫常常獨自待在房間，一想到「他們不要我了」就不禁悲從中來。他經常裝病翹課，如此就能待在媽媽身邊，從而獲得安全感；他也非常抗拒去參加住宿夏令營的活動。史提夫十一歲的時候，得知爸爸一直都有外遇，所以媽媽才會叱罵爸爸，說他是一個「給不起信任的癟三」。

如同史提夫的情況，家庭關係裡的往事可能至今仍影響著你。童年時期和人生中的種種遭遇經歷，都可能為你心中的恐懼背叛、無法依賴他人、不信任感……等感受埋下伏筆。如果你的父母總是揚言分道揚鑣，或是家人患病或去世，都可能會讓你漸漸相信那些你所依賴的人都會離你而去。因此，你此刻存有的嫉妒與恐懼或許反映出過往的情感創傷。

依附風格

每個人在依附他人的關係之中，獲得的安全感程度互不相同。人們的依附風格從嬰兒時期就開始顯現；嬰兒在母親或父親離開房間時，往往會出現以下四種不同的行為類型。

- 某些嬰兒會特別顯得焦慮。他可能會嚎啕大哭、強烈抗議、用力拍掌，看起來極度害怕的樣子。
- 有些嬰兒屬於「焦慮矛盾型」（anxious-ambivalent）依附風格，也就是對於母親的離開會表現出抗拒，但在母親回到身旁時，卻又顯得憤怒或冷漠。
- 有些則是傾向於「逃避型」（avoidant）依附風格，即他們對母親似乎保有依戀情感，但卻經常表現出不願與母親太過親密的樣子。

- 另外一種類型為安全依附，即他們能夠忍耐與母親的分開，也能在母親回來的時候，展現出熱情態度。安全依附型的孩子能安於獨處，且由於他們相信母親會回到身邊，深知自己擁有母親這一安全堡壘（secure base），因此較能主動向外去探索周遭環境。

根據**依附理論**，嬰兒天生具有和主要的家長形象人物（通常為母親，但非絕對）保持親密的傾向，而嬰兒的依附心理則是基於與照顧者（提供保護、養育、溫飽、社交機會的人）之間的關係適應價值。

當嬰兒開始意識到母親的返回是可預知的，也就是說，他能放心相信母親會回到身邊時，他就會建立起母親是可依賴、值得信任，並且會回應需求、給予關愛的信念。這樣的信念為嬰兒帶來安全感，進而能使他在與母親分離的時刻去探索外在環境及自我安撫。另一種相反情況，是嬰兒可能會形塑出照顧者是無法依賴、漫不經心，或是會漠視需求的預期心理。研究依附理論的學者認為，這些依附風格會延續一生，並影響人們在各種親近人際關係（尤其是愛情關係）中的互動方式。

若你對一段穩定長久關係存有的預期心理是對方會忽視你的需求、不可靠、不可信任，且隨時都會拍拍屁股走人，那麼你的感情或婚姻很可能面臨破裂危險。

早期的依附

不妨來回顧你的童年依附關係。試想你是否符合下列常見情況：

- **你曾害怕父母會離開你，或擔心他們生病或死去嗎？**這可能會使你長大後始終畏懼自己會突然失去所愛，或是被拋棄。
- **你的父母曾揚言分居或離婚，或確實讓關係結束嗎？**這可能會導致你擔心最親近的人際關係總有一天會破裂瓦解。
- **小時候你經常面臨搬家嗎？**頻繁轉學或是變換居住社區，會較不易與周遭孩童建立穩固友情。他們或許常找你麻煩或對你忽冷忽熱，而這可能會使你害怕長大後，將身處在一個人人都冷漠自私且自己將遭受孤立的不友善世界。
- **你的交往對象曾令你失望，甚至背叛你嗎？**過往的感情經驗可能會導致你擔心自己被對方欺騙、操弄或是拋棄，而對於這些潛在危險，你也會變得格外敏感。

你在親近人際關係裡的感受

藉由檢視自我在親近人際關係裡的感受方式，有助於你更深入瞭解，當關係開始走向親密時，你會產生怎樣的感覺？透過以下量測方法，你就能評估你在親近關係裡的感受樣態。你對密切的人際互動感到舒適自在嗎？還是覺得不舒服，有時幾乎讓你感到窒息或是矯揉造作？你的依賴心強——而且黏人嗎？你在親近關係裡時常感到焦慮嗎？請瀏覽下列親近關係成人依附量表並思考作答。

以下題目主要是評估你的**整體**感受，是以不妨回想那些對你很重要的人（像是家人、戀人、摯友）與你之間的過往和現在關係。針對每一陳述，請從數字一到五中，選出你的認同程度：回答一表示完全不符合你的情況，五代表非常符合，其餘數字則為介於兩者之間的程度差別。

親近關係成人依附量表

1 2 3 4 5
完全不符合 ←→ 非常符合

1. 我覺得與人親近並不難。
2. 我很難讓自己依賴別人。
3. 我時常擔心別人並不是真心喜歡我。
4. 我覺得自己總是拿熱臉貼別人的冷屁股。
5. 我可以自在依賴他人。
6. 我不擔心別人和我變得太親近。
7. 我發現在我最需要的時候，人們總是不在身旁。
8. 跟別人親近會令我感到有些不自在。
9. 我時常擔心別人會不想和我在一起。
10. 當我向別人吐露心情時，我會害怕他們無法與我感同身受。
11. 我時常猜想別人是否真的在乎我。

12. 我可以很自在地和別人建立親近關係。
13. 若別人對我表現出太過親近的情感，會令我感到不自在。
14. 我知道當我需要他人時，他們一定會在我身旁。
15. 我想要親近別人，但也擔心會被傷害。
16. 我覺得完全相信他人很困難。
17. 別人常常希望我表現出超乎我自在範圍的親近情感。
18. 當我需要他人時，我不敢指望別人一定會在。

上列陳述分屬三大類別：親近、依賴、焦慮。藉由評量你在每一類別的得分，就能更清楚瞭解你的依附風格。其中，標有米字號（*）的題號為反向計分，也就是說，即便你對該題的認同程度為1，但實際得分為5。若認同程度為2，實際得分為4。中間程度3仍不變，計為3分。請計算出你在每一類別的總得分。

親近程度：該一類別測量你對親近感（closeness）與親密（intimacy）的自在程度。代表題號為1、6、8*、12、13*、17*。分數愈高，表示你愈能習慣親近和親密互動。分數愈低，則表示你不善與他人親近，或是習慣與人保持距離。

依賴程度：這一類別評量你認為自己能有多相信他人會在需要時給予回應。代表題號為2*、5、7*、14、16*及18*。分數愈高，代表你覺得自己能放心依靠和信任他人。分數愈低，則表示你很難依賴他人。

焦慮程度：這一類別測量你擔心自己被拋棄，或是害怕自己不被愛的程度。代表題號為3、4、9、10、11及15。分數愈高，表示你在親近人際關係裡常感憂心；分數愈低，則表示在關係裡你並未特別感到焦慮。

除了以上題目，也不妨再更進一步回答下列問題來透析自己的感受樣態。

- 你習慣關係裡的親近互動嗎？還是這會令你感到不自在？
- 若在親近人際關係裡感到不自在，那麼你認為親近使你困擾的因素為何？
- 在親近關係中，你會擔心失去自我、違背自我個性，或是自由受到限制嗎？
- 你會擔心自己被對方控制嗎？
- 你覺得自己能依賴他人嗎？或是你認為別人會讓你失望、傷害你，或是幫不上忙？

- 你能想到別人讓你失望的具體事例嗎？
- 是否有你可以依賴他人的實例？
- 你在親近關係裡時常感到焦慮嗎？例如，時常擔心他們會離你而去，或是無法給予你所期待或需要的關心？
- 你是否能舉出一些別人拋下你，或是不夠在乎你的實例？
- 是否有其他不令你感到焦慮的人際關係。

就如同依附風格，你對親近感的自在程度與嫉妒程度有關。若你不習慣親近，你就**較不容易嫉妒**。理由在於，你或許不會將自己的快樂過度寄託於這段關係。然而，排拒親密當然也讓你很難建立親密關係。也就是說，那些習慣與人保持距離或與伴侶感情不親的人，較不易感覺嫉妒，而安全依附風格是最不容易產生嫉妒感受的一群人。

對感情關係沒有安全感的人**較容易**嫉妒。若你在親密關係裡常感焦慮，你可能會因為害怕失去而不太願意與人建立緊密情感。因此，當你感覺關係變得親密時，不安全感也會隨之增加，因為你可能會失去更多，而你害怕自己將無法承受失去。

每個人對親近情感的渴望程度互不相同。有些人對關係面臨到的任何威脅都感到焦慮不安，有些人則因太過親密而備感威脅。比方說，成為嫉妒箭靶的人可能會覺得自己被另一半的嫉妒感控制、吞沒，因而會試圖與另一半拉開距離，阻斷可能會助長嫉妒的親密情感。

在親近關係中，我們時常以為雙方的需求相同——但也許實際情況是一方渴望親近，但另一方卻偏好彼此如同兩條平行線，相互陪伴但情感不太緊密的關係。試想你的另一半是如何感受關係裡的親密呢？

你的過往關係

不妨回顧自己從童年至今的關係來檢視嫉妒。

布萊恩得知他那總是表現出虔誠教徒模樣的父親，婚後其實外遇不斷。然而，知道實情的哥哥在布萊恩二十歲之前，都未向他透露隻字片語，因此他漸漸相信旁人總是會將他蒙在鼓裡。由此滋長的不信任感也致使他無法信任妻子。

若兒時曾經歷父母（兩方，或其中一方）外遇，長大後就可能較難信任他人，這些經歷彷彿帶給你先入為主的想法，認為「在親密關係裡不該相信對方」。

假如你的父母過去常常漠視你的需求，就可能會使你更傾向於不相信身邊伴侶會始終在你需要時給予支持回應。而如果父母總是否定你的情緒或看法，在某種程度上灌輸你不可輕易產生依賴的觀念，那麼你就很容易產生嫉妒感受。

潘妮不信任她的另一半。小時候若她在母親和朋友講電話時，需要母親回應她的需求，總是會招來母親一陣怒氣。母親總是無暇回應她的需要。因此，潘妮也認為她的另一半同樣無法讓人信任，因為她認為對方很可能會更看重別人而忽視她。

千瘡百孔的過往戀情也可能會對你的信任感造成影響。若你曾和自我中心、說謊成性的對象交往，你就愈難以在愛情裡信任對方。

柔伊總是迷上「死會」的帥哥。她過去曾和許多無法給出任何承諾的男人交往，但這對沉浸在愛情甜蜜期的她來說甚至能愛得更深，因為在她的認知裡，愈是難以獲得就代表愈值得擁有。除此之外，她也相自自己有辦法讓對方確信她才是對的人。當然了，最後總是以心碎收場。她抱持著一些隱含想法，像是自己不值得擁有實實在在的承諾、難以擄獲的男人比較迷人，或是渴望承諾的男人通常都平凡無趣。柔伊的追求標準使她一再經驗與證實男人果然會背叛她，她不值得擁有忠誠伴侶，以及她注定要反覆承受被拋棄或背叛。選擇誠實可靠——或許會有那麼一點無趣乏味，但卻也能讓她明白，感情未必注定走向失敗。

在許多時候，我們永遠無法預知背叛的發生。但一旦發生後，往往會帶來深遠的影響。

海倫形容她和丈夫就是一般的傳統夫妻——育有三名子女，在郊區有一棟房屋。一家人一起歡度節日、一同參加教堂禮拜。她始終以為自己擁有的是最穩妥的典型中產階級婚姻，然而，她某天卻驚詫發現，丈夫長久以來竟有一段婚外情。兩人離婚後，海倫又進一步得知，丈夫在這段婚姻裡其實有過好幾段外遇。這一經歷在她心中埋下了往後不信任的種子。

承諾與付出

嫉妒感或多或少取決於你在感情關係裡的承諾與投入程度。在關係的最初階段投入不多，所以嫉妒感相對也少。若你只和某人約會過一次，感情不深，隨時都能抽身。但當你投入得愈深，付出得愈多，可能失去的也就愈多。

史提夫一開始和芮秋約會時，芮秋的許多特質都讓他怦然心動，譬如，亮眼出眾的外表、極佳的幽默感，還有隨興不羈的個性。雖然芮秋出身傳統家庭，但對於性愛，卻抱持開放且勇於嘗試的態度，更過著自主獨立的生活。在關係開展的前幾周，史提夫在芮秋主動、坦率及濃烈的情感表達下，對她愈來愈有好感。史提夫當時沒有感到絲毫的嫉妒情緒——只純粹感受到彼此相處的快樂。然而，隨著時間推移，幾個月過後，史提夫愛上了芮秋，猜忌和妒意也漸漸瀰漫心頭。他的心思不停打轉在芮秋過去展現的愛情嘗試精神，不禁懷疑自己會不會只是她眾多的試驗品之一。他愈是投入這段感情，他的不信任感就愈發強烈。

史提夫為什麼會突然感到嫉妒呢？因為他投注的情感愈來愈多，但與此同時，他和芮秋仍未穩定交往。在關係曖昧不明的時期，情感付出與**不確定性**同時並存。這段感情是否會繼續發展不得而知，換言之，不乏隨時告吹的可能。在關係邁入正式交往前，這種不確定性會帶來普遍的嫉妒心理。

大部分的愛情會隨著攜手走過數年，猜忌感受也會漸漸減少——除非有一方劈腿，當然就另當別論了。在一段穩固長久的關係中，由於不確定性較低，猜忌也就相對來得少。根據一份針對百位女大學生的調查結果顯示，相較於曖昧關係，處於穩定交往中的女性出現猜忌嫉妒感受的情形較少。

史提夫的嫉妒心理與發展更深的承諾及投注更多的情感有很大關係，因為隨著關係推進，彼此做出的承諾與嫉妒感受的產生有很大的關聯，而關鍵就在於你是如何看待對方的承諾。某些人傾向於接受表示忠誠的承諾，像是「我不會再找其他對象了」或「我不會再和別人上床了」，如此的承諾就足以讓自己給予對方信任感。然而，也有些人對於承諾的表現方式自有一套標準，比方說，假如另一半花很多時間和朋友相處或是享受獨處，就可能被視作缺乏承諾，心想「他一星期只約我兩三次，這表示他並沒有很投入這段感情」。

每個人對於承諾的發展看法互不相同：有些人能耐心接受承諾隨著關係往前推進而漸漸發展；有些人則以「不盡得則無取」的方式看待承諾。不妨藉由思考以下的常見看法，來更瞭解你是如何看待承諾：

- 另一半應該要將絕大部分的休閒時間都保留給我
- 另一半應該要每天主動和我聯絡
- 另一半應該要對我說「我愛你」
- 另一半應該要做一些會讓我感到開心驚喜的事情
- 另一半應該要和我一起規劃未來
- 另一半絕不該有任何秘密

這些想法傳達出尤其是在關係進入發展承諾的階段，雙方對於承諾可能抱持不同的看法。其中一方也許希望彼此保有自主獨立的生活，或是對關係的感受仍不確定；但另一方可能對於投入這段感情感到全然的肯定，是以彼此之間的認知差異就可能會引發爭吵。承諾通常會隨著時間發展，且在關係的初期，其中一方的投入程度也往往會多於另一方。相互溝通協調彼此對承諾的不同看法很重要，且能避免你做出試探考驗對方的行為。

琳恩覺得馬克不夠投入這段感情，因為他時不時就想找他那一幫麻吉兄弟玩樂，一起喝酒「跑趴」——而且通常都不會約她同行。她起初充滿耐性，但經過兩、三個月後，琳恩開始覺得馬克擺明了就是對她所渴望的那種穩定關係不感興趣。她再也按捺不住向馬克攤牌，馬克最後承認自己不喜歡被關係「綁住」，他想要保有「做自己」的自由。於是琳恩決定和他分手。

琳恩與馬克對於親密和承諾的看重層面截然不同。馬克想要一段感情與自我生活壁壘分明的關係，而琳恩卻想尋覓有望成為終生伴侶的對象。與其強迫馬克給出她想要的愛情，琳恩決定另尋他人。

在關係的初期，由於付出投入的較少，是以較不容易產生嫉妒感受。但隨著彼此做出更多的承諾，以及投入更多的時間相處，若關係結束會失去的也更多，因此很容易就產生嫉妒。然而，只是投入時間彼此陪伴也許並不等同於做出承諾，就如前所述，雙方對於承諾的定義互不相同。

某些人能坦然接受另一半擁有與其他人共度時光的自由，某些人則希望看見更多能證明彼此都投入這段感情的表現。若我們相信另一半是真心看重這段關係，那就較不容易產生嫉妒情緒。

雙方有必要對彼此的承諾定義達成共識。關鍵問題就在於你們想要的感情樣貌是一致的嗎？但記住，試圖勉強對方順從你的意願，只會引來更多的劇烈爭吵。

感情親密度

嫉妒也取決於你對伴侶的感情親密度。感情愈親密，愈是容易害怕失去如此的親密感。在逢場作戲的感情關係中，我們很少會產生嫉妒感受。但事實上，某些人會刻意維持表淺的關係，因為如此就能大大減少被背叛或是被拋棄而帶來的傷害風險。若在你眼中，這段感情只是可有可無的表面關係，那的確，幾乎沒什麼事情會讓你感到嫉妒。然而，「無所求，則無所獲」。

艾露伊絲說：「在感情世界裡，我只想當那種縱情玩樂的夜店女郎。我不想被那種我可能會深深愛上的好男人迷住，因為我知道我一定會被感情傷害。所以玩玩就好，我不會太依賴他，如此一來我就不會受傷。」

逃避親密的情形比一般人預期得還要多。我們常以為每個人都渴望獲得承諾和親密感，但就艾露伊絲的情況來說，她在幾年前曾經歷被伴侶拋棄的傷痛，甚至使她試圖自殺，因此她自此將承諾和信任與遭受巨大毀滅劃上等號。藉由始終戴上膚淺的人格面具，讓她能更輕易拒絕那些真切想要與她建立穩定關係的追求者。若在關係中，其中一方逃避親密，另一方則渴望親密，那麼彼此相互衝突的期待就很容易引發嫉妒。

當關係涉及到親密問題時，有些人會試圖激起另一半的嫉妒反應，其背後目的是為了尋求安心感，證明對方確實在乎這段感情。然而，嫉妒的表現性質——質問、逃避、命令、安撫、威脅——卻也可能為關係帶來更多不確定性，也就是說，對方也許會做出反擊或是威脅分手，因此也造成更多害怕被背叛和拋棄的焦慮情緒。研究也顯示出，當我們感知另一半的嫉妒情緒時，我們會就此相信對方不會離開這段關係。而這也說明了為何我們會試圖激起另一半的嫉妒感。

除此之外，故意讓對方產生嫉妒的原因，還包括了：懲罰對方的行為，或是因為對方和別人打情罵俏而產生的較量心態。在某些情況裡，人們甚至會為了確保萬一眼前的這段關係告吹，自己仍保有退路，而與其他異性曖昧往來。另有些人則會藉由與他人的曖昧互動來提升自我價值感，證明自己依然魅力不減。

若這些動機皆確實存在，你不妨也問問自己：「我可以做哪些事情來激起另一半的嫉妒感？」並思考這些行為會造成哪些結果？為此而產生爭吵是否值得？嫉妒問題往往是一個巴掌拍不響；

玩弄嫉妒把戲並無法為這段關係帶來安全感。

不確定感與憂慮

不確定感是引發嫉妒與焦慮的主要問題。若你對關係存有不確定感，那你就很有可能會因為對方也許會移情別戀而備感威脅。這種情況在你對這段感情已有所付出時，更是如此。另一半交了新朋友或是與其他人互動來往的機會，都可能會增加你的不確定感，也致使你開始憂心忡忡。

不確定感是導致憂慮的重要因素：憂慮不已的人會將「不確定感」與「不好的結果」劃上等號，並將不確定感視為無法接受的狀態。如果你很容易擔心，你或許會相信藉由檢查確認、收集訊息、尋求保證等做法能消除不確定感。你也許心想：「我不確定她是否對感情專一，我必須要找出答案才能放下心中大石。」「我不能接受無法確知的感覺——我一定要搞清楚！」或「我**現在**就要知道到底是怎麼一回事！」

不確定感與「知的需求」

當你把擔心當成是一種獲得確定感的方法時，你就會試圖去尋找更多的證據：「也許我還有其他事情被蒙在鼓裡。」「我現在就得弄個明白！」然而，憂慮的情緒結合你在這段關係裡感知到的（或確實存在的）不確定性，會使你產生更多的嫉妒想法。研究也支持這項觀點：在關係裡察覺到更多的不確定性，就愈有可能產生嫉妒感受。不確定的狀態讓你相信，那些你還未發現的事實會帶給你傷害。然而，追求百分之百的確定，竭力獲得充足的訊息，結果只是徒然，因為「不確定」的問題就在於你不可能從中獲得**絕對的確定**。事實上，說不定就算你和另一半結婚十年了，你依然無法確知自己能否相信對方。

布萊恩和雪倫結婚十四年了，但隨著妻子出差的頻率愈加頻繁，布萊恩的不確定感也愈來愈強烈。他說：「因為我無法確知她到底在盤算些什麼，搞不好她可能會做出對不起我的事情。我只是不想到時候措手不及……如果真的有什麼的話。我以為跟蹤她，查看她的電子郵件就能知道是怎麼一回事，但找不出答案只是讓我更瘋狂焦慮。於是我開始質問她，結果把她徹底惹毛了，還說我真的快把她逼瘋了！她也漸漸不太理睬我了，這讓我感到更痛苦難受。」

布萊恩就如同許多陷入嫉妒情緒的人——對他而言，不確定不僅是一種無法忍受的狀態，更隱含了背叛的可能。他想避免背叛猝不及防的發生，但每天的生活卻彷彿被嫉妒的魔爪緊緊攫住，痛苦不堪。「我到底要怎樣才能得到確定的答案呢？」他極力忍住淚水，聲音粗啞地問道。

不確定感與遠距離

的確，遠距離關係會增加不確定感。有些伴侶之間即便相隔數百英里，甚或數千英里，仍努力維繫著關係。有些人的確辦到了，但距離使兩人見面的機會減少，因此確實會帶來更多的不確定感。許多個案告訴我，他們和另一半從高中時期開始交往，就算上了大學之後，彼此相隔數百英里，仍努力維繫著這段感情。遠距離成功的案例並不少見。我有一位朋友十四歲時認識了他現在的妻子，他們高中的時候結婚，之後就算彼此就讀的大學相隔遙遠，但他們仍成功維繫了感情，至今仍在一起。所以遠距離關係不成問題，但也未必總是如此。對絕大多數人而言，距離和不確定感會漸漸消磨彼此。

茱莉在男友搬到別的城市居住之後，仍努力維繫這段感情。他們在一起八年了，但遠距離卻讓彼此愈來愈難保持連繫。他們每隔三個月會相見，但茱莉覺得男友對於碰面似乎沒那麼積極，她也時常猜想對方現在到底在做什麼……

不確定感與愛上「死會」的人

愛上某個已有其他對象的人，你的內心很可能充滿了不確定感。

凱薩琳在高中同學會上，邂逅了某個男人，彼此瞬間擦出愛的火花，並在那一週末激情纏綿。然而，這個男人已婚、有好幾個小孩，更居住在數百英里之外的城市。凱薩琳時不時就去見他，希望自己要不說服他離開他的妻子，要不就繼續維持這樣的狀態。她無法自拔地陷入在兩邊都看似不討好的困境之中，但仍設法以希望這段感情開花結果的期待，來平衡心中的焦慮和憤怒。

這段關係充滿了不確定性。讓事情保持簡單純粹，或許是最好的做法——沒有三角關係、不淪為別人的感情備胎。你也許認為自己可以應付這樣的情況，但依我所見，出於人之本性，我們渴望擁有的是專一的依附情感。因此，欺騙自己可以接受現況，很有可能會招來反作用力。事實上，你愈是深陷其中，愈是難以讓自己抽身。

第二篇

嫉妒如何演變成問題

第四章
被嫉妒心理綁架

嫉妒彷彿有自己的主見一般，總是不受控制。當我們心生妒意的時候，很容易就會被各種念頭和情緒綁架，因而感覺整個人被推向死角、整個世界正在漸漸崩解，所以非得要馬上採取行動不可。我們亟需在當下獲得解答——如果不即刻消除這種種情緒，它們將氾濫成災；如果不立刻掌控局面，另一半就會無情背叛。頭腦裡發出的刺耳警報聲響就快把人逼瘋。我們被嫉妒的想法和感受全面劫持了！

我們產生的每一絲情緒都是為了傳達自我需要，以及提醒我們所面臨到的種種威脅。如同第一章所述，嫉妒是一種經過演化的複雜情緒，它之所以會留存至今，是因為人們需要保護在基因上的投資，以確保後代能獲得最妥善的保護和養育。然而，當嫉妒的念頭和感覺變得愈發強烈，我們殫心竭慮的並非是基因投資，搞不好是連事實根據都沒有的事情。我們只是對頭腦裡強大的原始警報做出回應。所以說，**我們被嫉妒心理綁架了**。

當嫉妒情緒產生時，頭腦裡的威脅偵測系統亦處於開啟狀態。我們會尋找另一半可能移情別戀或是有第三者出現的所有跡象。我們會把心中的可疑對象當成是步步進逼的威脅，而另一半的想法和感受也成為了不忠的潛在徵兆。頭腦命令我們得要揪出線索，任何一點蛛絲馬跡都不能放過！

本章將探究當我們處於「嫉妒模式」時，我們的頭腦會如何運作（通常是結合了想法、感覺、行為、策略及溝通的共同作用）。嫉妒模式之所以會開啟，是因為大腦裡的威脅偵測系統判定外在環境可能暗藏玄機，而一旦陷入嫉妒模式就難以全身而退，情緒也會隨之變得更加激動高漲。當嫉妒模式開啟並操縱一切後，亦會帶來戲劇化的影響，包括，把問題都解讀為與自己有所關連、臆斷對方的所思所想、料想悲劇的發生、為關係套上強人所難的標準與規則、杞人憂天、陷入無止盡的負面思考。因此，我們感到焦慮、激動、憤怒和沮喪。另外，本章也將探討既定的思考傾向會如何加劇嫉妒心理，並導致人們做出事後懊悔不已的行為。

嫉妒思維包含了四大部分——核心信念、標準守則、偏誤思考、憂慮與反芻思考。這四大要素環環相扣、相互增強，進而讓人困陷在某種思考套路：糾結、渲染最初感知到的威脅；放大事件的重要性與嚴重性；進一步印證內心的恐懼；反覆想像各種可能發生或是認定已經發生的事情。接下來，就讓我們來逐一檢視各項要素吧！

核心信念

我們都擁有某種主導嫉妒思維、對於自我及他人的核心信念。「核心信念」概括描述了我們是如何看待事物，另一方面，也形成了往往令人不自覺的慣性偏見。比方說，你對自己的核心信念是「我不討人喜歡」——我不夠有趣、沒有吸引力、缺乏魅力，或是無法留住他人的愛。而這一核心信念正是你用以觀看世界的鏡片，只是你鮮少意識到它的存在。不妨想像你無時無刻都戴著一副深色墨鏡，那麼想當然耳，映入眼簾的萬事萬物，都會比真實的樣貌還要來得黑暗，又假如你未察覺到自己是透過這副鏡片觀看世界，那你最終會相信這個世界恆常黯淡無光。這就是核心信念的作用——它就是介於你的視線之中，左右著你如何看待事物的鏡片。

或許你始終都透過帶有嫉妒色彩的鏡片瀏覽一切，是以幾乎看不見事物明亮或積極的一面。如此，你被困陷在自己的視角裡。

當信念看似事實……

我們經常會把自己的信念和想法誤以為是事實。從以下情節就可略知一二：假想你置身在一座陌生城市，深夜時分，你正獨自一人走在回飯店的路上。街上空無一人。忽然之間，你聽見背後傳來急促的腳步聲，發現有兩名男子緊緊尾隨在後。你猜想：「他們該不會是要搶劫吧？天啊，我會不會因此喪命？」油然生起的危機意識使你變得極度不安與害怕，於是你加快步伐，深怕自己無法平安抵達住所。

但等等，如果你不是這樣想，你的感受會有什麼不同呢？如果你心想：「這兩個人也同樣去參加了那場研討會，說不定我們都住同一間飯店耶。」你就不會感到焦慮不安，甚至還能感到些許放心，然後不疾不徐地走回飯店。

這兩種情況的初始事實相同，都是深夜街頭有兩名陌生人大步走在你身後。其不同之處在於你對這一事實，是有害抑或是無害的解讀。而我們的解讀有可能真實無誤，也有可能是大錯特錯。

當我們感到焦慮、憤怒或是悲傷的時候，**往往會把自己的想法當成事實來看待**。某一想法浮現腦海，接著你旋即判定——另一半對某人的感情肯定不單純，他（她）將背棄你，而你將不再被愛或不再是對方心中的唯一。然而，並非所有想法都合乎實際狀況，在查驗事實、瞭解真相之前，你無從斷定虛實。

核心信念等同於事實嗎？

假設我對你說：「嘿，我覺得我是一匹斑馬。」你大概會啼笑皆非地看著我，心想我的腦袋出了什麼問題。但我又再次強調：「我沒有開玩笑！我百分之百確信我是一匹斑馬。」我該如何證明我的胸有成竹值得被相信？那就讓事實來說話吧！於是我望向鏡子，這才驚訝地發現我的身上沒有任何條紋，看起來也不像一匹馬。

當我們感到憤怒或焦慮時，經常會把盤踞腦海的想法當作真實，「我十分肯定我是對的」儼然成為了證據。然而，深信不疑並無法將某事化作鐵錚錚的事實，且「有絕對的把握」也並非是足以採信的證據。

請先辨識出那些迴盪在腦海裡，導致嫉妒心理的核心信念，接著再根據事實與邏輯來判定真相。結果或許如你所料——或許你的另一半確實心懷出軌意圖——也或者你誤會了。

導致嫉妒的核心信念，就是那些被我們視為千真萬確的負面想法。以下為常見例子：

- 若你的核心信念是認為自己並不討人喜愛，那你可能會擔心伴侶有一天將另尋其他更有趣，或更迷人的對象。
- 你也許認為自己沒有能力照顧自己：你需要有人陪伴，或是把自己的快樂寄託在別人身上。如此的核心信念會使你深切恐懼失去那個始終呵護你，或陪伴在旁的另一半。
- 某些人的核心信念是相信自己與眾不同，換言之，覺得自己的條件比別人優秀。這樣的核心信念會使你把他人視為動搖自我地位的威脅，心想：「若我的另一半對別人有意思，那就意味著我會淪落平凡。」

對他人的核心信念

我們對於他人也抱有核心信念，比方說，人們動輒就會對別人品頭論足。而這樣的想法就足以導致嫉妒情緒的發生，因為你認為另一半做出的任何負面評斷，都可能會對你們的感情構成威脅，是以你會抱持強人所難的標準，認為另一半必須要喜歡你的一切。除此之外，如此的「執念」也會使你相信另一半（以及其他人）時時刻刻都覺得你缺點畢露。深信他人總是殘酷無情，你的自尊心將變得脆弱無比，因為在你的認知裡，假如別人不欣賞你的某項特質，那無疑是代表你不夠好或自己是一個「顧人怨」的人。你的自我價值感忽高忽低，完全取決於你如何認定他人此刻對你的評價。

只求印證，不求事實

確認偏誤（confirmation bias）為核心信念的產物之一，亦即我們會不由自主地去找出能讓既存信念獲得確認的訊息。然而，我們很少意識到這種傾向，因為大腦會自動在外在環境中，尋找能夠證明「自己相信的果然沒錯」的訊息。

是以如果你深信自己很無趣，那麼當談話對象打呵欠時，你就會不由自主地察覺到證據；而當某人轉換話題，在你看來，這就代表是你讓對話冷場了。換言之，你只會接收到與現存信念一致的訊息。

記憶也傾向於尋找符合核心信念的訊息。當你情緒低落的時候，往往會選擇性回想起失敗、被否定和希望落空的經驗；也就是說，記憶會受到當下心情，以及負面的自我信念引導。同樣的道理，如果你深信自己不討人喜歡、不夠有趣，或是沒有能力維繫長久關係，那你就會選擇性記住與這些信念相符的訊息。這並不是因為人們樂於自討苦吃，而純粹是大腦已經習慣於自動化執行。稍後你將學習到放慢思考的實用技巧，進而能以沒那麼偏頗的角度去檢視各式各樣的證據。

「確認偏誤」也同樣作用於我們對他人的印象。舉例來說，如果你認為別人不值得信任，那你就會選擇性注意與回想起，能夠印證他人總是說謊、耍手段、控制慾強的訊息。不乏許多男性與女性分別抱持著「女人都不可信任」及「男人都不可靠」的核心想法。沒錯，你確實能找到支持這種負面觀點的實據，但另一方面，你也同樣能發掘出許多能推翻如此想法的反面證據。

問題就在於，我們往往都將注意力聚焦在能夠印證既存信念的事物上。然而，核心信念卻過於泛化（男人都不可靠）、僵化（一竿子打翻一船人），並且受制於確認偏誤（尋找與信念相符的訊息）。不妨來思考以下關於嫉妒的確認偏誤例子：假設你深信人心叵測，而你的大腦也始終在尋找支持這一信念的證據，於是你可能會臆斷對方的想法（「她一定沒有對我說實話」、「她對別人有不單純的好感」或「她覺得我是一個無趣的人」）；你會選擇性注意各種微小細節：她的瑜珈墊明明就還放在家裡，所以她很明顯地在說謊；接下來你可能會因為她對上司投以的一抹眼神，而妄加推斷她想要搞婚外情。於是乎，你幾乎是無憑無據地開始斷言事情的發展，而忽視她對你用情專一的所有跡象，因為這不符合你的核心信念——所有人都不可信任，當然包括她在內。

關於嫉妒的確認偏誤

核心信念：	人皆不可信
尋找線索：	「她說她要去做瑜珈，但我發現她根本沒帶瑜珈墊出門。」
忽視關係裡的所有正向信息：	「她睡前都會吻我，但每晚這個時刻，我滿腦子想的是：她今天還親過哪個男人的嘴？」
放大負面信息：	「她始終忘不掉她看那個男人的眼神。」

當核心信念與相互牴觸的訊息正面對決時，大腦會如何處理呢？比方說，你深信女人都不可靠，但你發覺自己能放心信任替你診療的女醫師。結果是，你會以「凡事總有例外，但女人不可靠是人盡皆知的事實」這類的想法來忽視反面證據。

我們也會藉由**他人的經歷**來強化自我的核心信念。他人經歷的故事總是令人印象深刻——因為在意，所以牢記在心：「你難道忘了蘇珊的老公是怎樣背著她偷吃的嗎？」這些他人的經歷往往歷歷如繪，你甚至能在腦海裡想像畫面，且整段故事的架構完整，有起始、中段、結局，裡頭的主角甚或是你認識的人。然而，幾則故事並無法概括說明整個世界，不是嗎？

我們的頭腦並未進一步去思索事件發生的比例或是基本可能性——也就是說，我們不會去想忠誠、可靠的人占有多少比例？反而是過分投注在具有情節和畫面的訊息上。這也是為什麼新聞報導常常會以衝擊力十足的影像來描述事件經過——因為比起轎車撞進水泥牆的畫面，誰會想看冷冰冰的數據圖表呢？

我們也傾向於相信**片面訊息**，亦即令人印象深刻、具有軼事色彩，且似乎與我們切身相關的訊息。這種情況就像是在搜尋網站上輸入「意外」二字，結果出現了四億一千八百萬條結果，於是我們斷定人人最好都頭戴鋼盔、把自己固定在椅子上，足不出戶。我們沒有進一步去搜尋「安全」或「意外發生的可能性」，是以這樣的結果會使人片面相信這個世界危機四伏。同樣的狀況也發生在嫉妒心理與核心信念。簡言之，我們會反覆證明自己果然想得沒錯。

這些信念從何而來？

大部分的自我核心信念是在童年時期形成。以下是引發嫉妒的常見信念：

- 如果生活周遭充斥著不可信賴、說話不算話、滿口謊言的人，就很容易產生「人皆不可信」的核心信念。

- 若從小被灌輸「外貌才是王道」的觀念，就可能會形成「以外貌吸引另一半是維繫關係的唯一因素」的核心信念。因此，當你覺得另一半似乎被別人迷住時，如此的信念就會引發嫉妒，因為在你的認知裡，你必須是最吸引他（她）的人，而他（她）也必須把你視為世上唯一有吸引力的人。
- 兒時缺乏父母的關注可能會使你產生「我不討人喜歡」的核心信念。認為自己「不討喜、不惹人愛」的負面想法會進一步內化，進而導致你不信任交往對象。

你對自己及他人抱持怎樣的核心信念呢？這些信念是否具有某種固定樣態？你能回想起童年至今的哪些經歷，可能強化了你的某些核心信念嗎？請參考以下事例：

小玟的父親過去總是忙於工作，就算待在家裡的時間也不例外，父親根本無暇陪她。小玟小時候幾乎無法領會到父親其實很愛她，甚或覺得她是一個絕頂聰明、富有創造力的孩子。他只是一股腦兒地埋首研究，一心只掛念工作進度落後。小玟長大後發現，她的感情樣態彷彿總是在重溫這段童年記憶，她始終渴盼著從那些無暇陪她、不願付出，且往往捉摸不定的男人身上尋求認同感。

你的核心信念

反思對於自己及他人的核心信念，有助於你掌握哪些因素會時不時引發你的嫉妒情緒。請依據你的兒時經驗，以及長大後的親密關係來思考下列問題：

- 你是否不斷被提醒「迷人外貌、有權有勢、富裕、成功、搞笑或有趣」的重要性？
- 你會為了獲得他人的認同，而勉強自己表現出某種樣子，或是做某些事情？
- 你是否認為別人不會喜歡真正的你？
- 你是否覺得別人不會永遠陪伴你？
- 你的父母曾否定你的情緒感受嗎？
- 你是否害怕他們可能會離你而去？
- 你是否認為他們對你很失望？
- 你面臨過被拋棄的威脅嗎？即便是隱晦含蓄的威脅。
- 你是否感覺你與另一半之間的感情問題重重？

每個人都有脆弱之處，每個人的童年和父母都非十全十美，每個人的感情也都有不完美的一面。然而，有些人的內心因此受到較大的傷害，變得心灰意冷，抑或是難以解開心結。這些痛苦的情感體驗不僅在心底烙下印記，也對嫉妒心理造成恆久的影響。

標準守則

構成嫉妒思維的第二部分是懷有標準守則，亦即，我們對於自己及他人設有的規則、觀念與假設。標準守則的呈現方式往往是「如果出現這種情況，那麼另外一種情況就必須跟著發生」。比方說，如果今天的降雨機率很高，那麼我就帶傘出門。如此的規則就能使我不至於在下雨時淋成落湯雞。

標準守則似乎是一種不假思索的自動反應，幾乎就像是反射性思考，因而讓人還來不及查驗事實，就馬上信以為真。雖然它可能潛藏在意識底層，但我們仍可藉由反思焦慮、憤怒及悲傷的情緒模式，來瞭解自己是否設有某些會引發嫉妒的規則。

你擁有的標準守則或許會讓你相信：如果遵從這些規則，那麼你就能預料及掌控之後會發生什麼事。在你看來，這些規則能保護你，是以重要性不言而喻。它們對你來說合理又實在，不僅能讓你免於在感情裡被愚弄，也能讓你預知及掌控局面，甚或在不欲結果發生之前即早脫身。然而，這些規則也可能會讓你反應過度、妄下定論及貶低自我。

這些規則可套用在關係、自己和別人身上。比方說，別人應該以怎樣的方式與你相處、必須如何看待與評價你。這些規則或許能引導你採取自我設想的必要行動，但也可能喚起你的嫉妒感受。就讓我們來探看某些可能存在於嫉妒心理的潛規則與隱含假設吧！你是否抱有以下常見規則？

對他人的規則

- 我不該相信他人，因為他們會辜負我的信任。
- 如果某人曾讓我失望，那我就再也無法相信他。
- 我必須對伴侶的一切瞭如指掌，如此才能賦予信任。
- 如果伴侶真心愛我，那麼他（她）就再也不會覺得其他人很有趣或很迷人。
- 我不能指望別人會始終為我著想。
- 男人（或女人）總是在尋找更好的感情對象。

對自己的規則

- 我應該始終是最迷人的人。
- 我做的幾乎每一件事，都應該要獲得另一半的支持認同。
- 我必須要娛樂他人，否則他們會覺得我很無趣。
- 我必須要擁有愛情才能快樂。

- 我絕不能讓任何人失望。
- 我應該要始終充滿快樂與安全感。

對關係的規則

- 我們應該要一直維持熱戀般的快樂。
- 另一半所有的想法和感受，都應該要毫無保留地告訴我。
- 我們應該要擁有美妙的性愛生活——始終是隨興、衝動、激情如火。
- 我們永遠都不該爭吵。
- 另一半應該要始終為了我騰出時間。
- 我應該要無時無刻都確切知道伴侶的行蹤，還有他（她）正在做什麼、和誰在一起。
- 我們之間絕不能有秘密。
- 感情若不是幸福圓滿，就是殘破不堪，絕無中間地帶。

這些規則會造成哪些後果呢？以「如果伴侶真心愛我，那麼他（她）就再也不會覺得其他人很有趣或很迷人」為例，並思考以下問題來評估其現實性。

- 你是世上唯一一個讓另一半覺得迷人、有魅力的人類，試問這合理嗎？
- 你是否有時會覺得其他人很迷人？
- 如果會，這是否意味著你不可信任？
- 你是否有時會覺得其他人很有趣？
- 覺得其他人很有趣或很迷人，就代表你會背叛另一半嗎？

事實上，沒有人能實現這項規則背後寄予的期望，所以你必然會感到失望、不安全感與嫉妒感。何不換個更實際且更適切的想法呢？像是「世上迷人有趣的人比比皆是，但這並不代表另一半不愛我，或是他（她）就會移情別戀」。試想這一不同的想法能帶來哪些正面結果，且是否較為實際呢？

那麼「我必須要擁有愛情才能快樂」這項規則，又會為你帶來什麼影響呢？

- 言下之意，你若缺少了愛情就會鬱鬱寡歡。這樣的想法是否會讓你更容易感到焦慮和嫉妒？
- 這是否會讓你更加害怕失去愛情？
- 若你單身，你就必然會飽嚐痛苦嗎？
- 真的是如此嗎？在與現任伴侶交往之前，你是否曾感受過快樂（即使是片刻的快樂）？

不管你有多愛你的另一半，抑或是從感情裡汲取到多大的滿足感，這段關係真的是如此不可或缺？你的回答也許無比肯定。但事實上，在走入這段關係之前，你很有可能曾有過其他能讓你感到有意義、能帶來滿足感與快樂的泉源。因此，就算這段感情生變，你依然會有重拾快樂的力量。

再來看另一項規則「我應該要無時無刻都確切知道伴侶的行蹤，還有他（她）正在做什麼、和誰在一起」會造成哪些結果？

- 這一規則是否會帶給你焦慮、嫉妒與無助的感受？
- 你真的能確切知道另一半正在做什麼嗎？
- 你的另一半無時無刻都知道你正在做什麼嗎？
- 你是否認為，如果你無法清楚掌握，那就表示另一半在做對不起你的事情？
- 假如你的另一半今天聯絡不到你，那是否代表你這天做了對不起他（她）的事情？

最後是就「另一半所有的想法和感受，都應該要毫無保留地告訴我」此一規則的提問：

- 你是否認為不公開的想法和感受都暗藏危險？

- 它們可疑、危險的證據何在？
- 你是否有一些未必會主動與人分享的想法和感受，比方說，某些回憶或是幻想？
- 不主動分享就意味著你是個不值得信任的人嗎？
- 這樣的要求是否會削弱你的信任感，並且使你頻頻去質問另一半，或是挑起爭端？
- 假使你能接受雙方都能保有些許私人空間，那麼這會帶來哪些壞處？

如果你的規則是要求十全十美、百分之百的確定感、全面的幸福快樂，以及無時無刻都心滿意足——那你注定會讓自己跌入失望、痛苦和嫉妒的情緒漩渦。請試著省察內心嫉妒與挫敗的情緒模式，並反問自己正堅守著哪些規則標準？若能放下完美主義，多一些包容與彈性，你是否會感到更舒坦一些？你身邊是否有一些人沒有抱持那麼苛求與擾人的規則，他們總是痛苦不堪嗎？

偏誤思考

關於思考方式，接下來要談的第三部分是可能會使認知扭曲的思考偏誤。思考偏誤是一種不受自主控制、自動湧現腦海的想法，且彷彿偏向不信任與嫉妒的反射性思考。

你的猜想或許是真的——你的另一半也許在想著別人，也確實可能會出軌。但在此需特別留意的一點是，你的思考方式也許傾向於支持這些自我感知到的「警訊」（即使是假警訊）。以下是關於容易引發嫉妒的十二種常見思考偏誤。不妨來檢視你是否存有這些情況：

讀心術（Mindreading）：你確信自己讀懂了另一半（或其他人）在想些什麼，但卻沒有充足的證據能證明別人的想法確實是如你所想。「他一定覺得那個女人很性感啊！」或「她一定是想追我老公。」

負面預測未來（Fortunetelling）：你認為事情的發展樣貌將愈來愈不堪，或是前方橫亙著危險。「他最後會跟別人跑了。」或「她會背叛我。」

災變恐懼（Catastrophizing）：你相信那些已經發生，或是可能發生的事情，是如此可怕難堪，以至於讓你無法承受。「如果我被劈腿，我整個人將被徹底摧毀。」或「我們之間一切都結束了，因為他竟然覺得別的女人很有魅力。」

貼標籤（Labeling）：你賦予自己及他人某種概括性的負面特質。「我是一個很無趣的人。」或「他是一個騙子。」

忽視正向信息（Discounting Positives）：關於你自己或是關係的正面信息，在你看來都是微不足道的。「她光是說她愛我，並不代表她就不會背叛我。」或「即便我們的感情有許多美好的事情，但我還是不能信任他。」

悲觀濾鏡（Negative Filtering）：你幾乎只關注關係中的「陰暗面」，鮮少察覺到「光明面」。「我們這兩三個星期都沒有做愛……」或「我們吵了一架，吵架就代表問題很嚴重，他也許會因此而離開我」。

以偏概全（Overgeneralizing）：你將單一事件視為負面的整體模式。「我們每一次跟別人出去，她表現出的樣子都很輕浮。」或「他好像沒那麼喜歡我了，因為我們昨晚幾乎沒什麼交談。」

兩極化思考（Dichotomous Thinking）：你以「非黑即白」的二分法則來看待事件或他人。「我們的感情好像沒有一樣事情是順利的。」或「她似乎從來都不會向我示愛。」或「我們永遠都在爭吵。」

應該與必須（Shoulds）：你以事情「應該要」如何發展來理解事件，而非只是單純關注事件的意義為何。「我們應該要始終都愛得激情如火。」或「我的女朋友絕不應該認為其他人很有魅力。」

個人化（Personalizing）：你將關係裡的一切狀況都看作是你個人的問題，彷彿另一半做的任何事情都與你有關連。「如果她覺得別的男人很有趣，那一定是代表我這個人很無趣。」或「他都沉浸在網路世界……他一定是沒那麼喜歡我了。」

責備（Blaming）：你將自己的負面情緒一概歸咎於某人，而不願主動改變自我想法或心態。「我之所以會覺得苦悶，全是因為她都不在乎我。」或「他分明是想藉由和別的女人聊天來讓我吃醋。」

情緒推論（Emotional Reasoning）：你會放任情緒去主導你對現況的解讀。「我感到焦慮不安，一定是另一半打算做什麼對不起我的事情。」或「我覺得凡事都枯燥乏味，所以另一半肯定會去找一個更有趣、生活更精彩刺激的對象。」這些自動迸現腦海的負面想法，餵養著你心中預設的規則或假設：「假如她對別人有好感，那麼她就會背叛我。」另一方面，也使你更加確信「我不討人喜歡」的核心信念。

整體示例如下：你的腦中可能浮現某一確切想法，認為你的另一半對某個她覺得很性感的男人念念不忘。由於你抱持著如此的規則：「如果她覺得別的男人很有吸引力，那麼她就會背叛我」，因此你會感到焦慮和憤怒。而這一確切的想法，也可能會反饋至你的自我核心信念：「我是一個條件很差，沒什麼吸引力，而且很無趣的人」。於是乎，你變得消沉沮喪、自我保護意識漸增。

凱文準備和女友史黛西一同前往某場派對，而史黛西的前男友阿倫也會到場參加。凱文暗自揣想著：

- 「史黛西會覺得阿倫真的是一個很性感的男人」（負面預測未來、讀心術）
- 「如果她覺得阿倫很性感，那就表示在她心中，我比不上阿倫」（個人化、讀心術）
- 「我無法忍受她覺得其他男人很性感」（災變恐懼）
- 「我知道當初是史黛西甩了阿倫，她也說我才是她的真愛——但那又怎麼樣呢」（忽視正向信息）
- 「如果她離我而去，那將會是我此生最大的打擊」（災變恐懼）

凱文的腦海裡奔流過這一連串的負面想法，因而使他斷定，史黛西可能會拋下他，重新回到舊愛身邊，而假如這一幕真實上演，他的人生將天崩地裂，永遠籠罩著揮不去的陰霾。不妨細究負面、偏誤的想法會如何引發你的嫉妒心吧！

憂慮與反芻思考

嫉妒思維的第四面向，是負面預想未來（憂慮），以及思緒圍繞在過去或現在的負面信息上打轉（反芻思考）。憂慮與反芻思考的歷程相似，且都是無法自拔地陷入某個負面想法之中。這種情況的發生是由於我們被自己的想法綁架——某些想法浮現腦海後，我們就受其擺佈。

你的腦海或許冒出了某個不悅的念頭，例如「哼，他竟然覺得別的女人很有魅力」，你可以選擇把這一念頭拋諸腦後，認為這沒什麼大不了，或是坦然接受欣賞他人的美好特質是人之常情。若做出這樣的反應，你就不會卡在最初萌生的念頭裡——你決定就此打住，任由它經過且消逝。相反地，若你對此憂心忡忡，你的思緒就會使勁地在原地打轉，彷彿深陷在爛泥裡的車輪一般——你愈是去想像可能的情節，就會有愈多負面想法湧上心頭。妳開始猜想另一半對別的女人究竟有多少特殊好感，紛亂思緒在妳腦海裡揮之不去，焦慮不安與憤怒的情緒也更加強烈。若妳持續沉溺其中，妳會回想起過往令妳不開心的事情，例如「我還記得在上個月的派對裡，他跟安琪聊得渾然忘我」，接著妳的思緒就會纏繞這一情境，反覆咀嚼推敲。

當我們感到擔憂，或是為往事傷神時，內心通常都不會太好受，那我們為何仍要自討苦吃呢？我們之所以會擔憂，是因為我們認為這麼做也許能帶來幫助。擔憂通常和「萬一發生了某種情況，那該如何是好？」的提問有關，而反芻思考則多半是探問「為什麼？」當我們感到嫉妒時，我們心想著：「我得要未雨綢繆，做好心理準備，到時候才不會措手不及」。或者，我們相信藉由反覆不斷地爬梳、思索某些負面情況，就能找出癥結所在，進而解決問題。如此說來，「擔憂」和「反芻思考」似乎是對抗可能被他人否定、背叛、拋棄的一種策略，而「嫉妒」則可謂憤怒、激動的擔憂狀態。

反覆擔心、胡思亂想的壞處是，最終將帶給你更多焦慮不安與沮喪的感受。這就像是打開了某個裝滿各式各樣悲劇劇本的檔案櫃，而你費盡心力在裡頭東翻西找，不斷地將浮現腦海的負面想法與各種悲劇情節相互配對。你的情緒、想法與現實彷彿融為一體，因此你很難退後一步去看清「想法只不過是想法」或「情緒會逐漸消退」。你不僅會更加難受，更可能錯過此刻在生活周遭發生的美好事物。若目光緊鎖在假想的負面情節，惶惶不可終日，怎麼能夠盡情享受當下人生呢？

除此之外，你之所以會時常擔憂，是因為無法忍受**不確定性**——撲朔迷離的狀態讓你片刻難安。你認為「不確定」就意味著不好的事情會發生，也代表自己被隔絕在某件真實之外。最棘手的地方也許在於，你相信自己**有可能**扭轉不確定性。你或許認為，只要繼續探究和思考，就能獲得百分之百的確定。

然而，在變幻莫測的世界裡不存在絕對與必然。追尋絕對的確定性，宛如水中撈月，不僅徒勞無功，更會讓你陷入負面思考的無限迴圈。每當你冒出「我好像可以相信他」的念頭，你又會接著反問自己：「但是我可以百分之百確定他值得相信嗎？」於是你會逐一推翻所有的正面信息，再次落入無止盡的擔憂。我們將在第六至第八章中，探討若干個能有效幫助你暫時解除種種憂慮的實用技巧，讓擔心不再成為生活前進的阻力。

反芻思考（或糾結、沉溺於負面想法）與擔憂類似，但較偏向於專注在過去的事件，或是拿似乎沒有標準答案的問題拷問自己，例如「為什麼會發生這樣的事？」或「我到底要到何時才能釋懷？」反芻思考很容易讓人深陷在憂鬱情緒裡無法自拔，且在反覆思索的過程中，我們時常相信自己能釐清問題，毫無遺漏地抓住所有可取可得的訊息，讓一切都獲得合理解釋，最後能徹底瞭解事情的全貌。我們的思緒就像鬼打牆似地在原處打轉，並且不斷以無解問題反問自己（或是另一半），然後再以不夠完整、不盡滿意或甚至謊話連篇，來反駁所有的回答。反芻思考會阻礙人們全心投入生活——對於此刻呈現在眼前的人生風景，我們總是置身事外、無動於衷，因為我們的腦袋正不停地思考、挖掘各種負面且沒有標準答案的問題。

嫉妒思維統整

本章一開始提及了嫉妒模式，而嫉妒思維就是構成該模式的一部分。另外一部分（我們很快就會討論到）是關於你的情緒、行為、溝通方式及應對策略。在探討其他要件之前，我們不妨先整合嫉妒思維的所有面向，好讓你能更清楚瞭解自己的思考方式。

對於自己及他人，每個人都具有某些核心信念。比方說，我的核心信念是「我不夠好，所以我不值得被愛」及「人皆不可信」。這些核心信念會與內心設有的規則相互唱和，例如「我得要表現完美，才能得到愛」和「我的另一半必須喜歡我的一切」。也就是說，如果我努力讓自己變得完美，那麼就能壓制我「不值得被愛」的根本面，因而能讓我免於遭他人拋棄。又假設我對他人設有的規則是「別人對我的感情構成威脅」或「假如另一半覺得別人很有魅力，那她就會背叛我」，那麼，我就會開始尋找線索，忽視另一半表現出的正向作為，以及對未來感到惶恐不安。

由於我的核心信念是「我不夠好，所以我不值得被愛」，而這一信念進一步衍生出「我必須要表現完美，另一半才會留在我身邊」，因此我會選擇性關注自己的缺點，放大這些不完美之處的嚴重性，從而推斷我的感情關係岌岌可危。另一方面，我的腦袋也開始執行讀心術（「她一定覺得我很無趣」）、個人化（「她嫌我無趣，所以才會呵欠連連」）、負面預測未來（「她終究會移情別戀」）。嫉妒模式將我牢牢困陷其中，讓我的嫉妒感受加劇，誘使我不斷考驗另一半、無止盡地自我懷疑，焦慮與憤怒的情緒也更加強烈。這就像是一面緊踩油門不放，一面不可置信自己竟加速衝往懸崖邊緣。

嫉妒思維的另一檢視方式，是從負面的偏誤思考（那些不自覺浮現腦海的想法）切入，再從中探看你的核心假設為何。比方說，我認為我的伴侶此刻對我的態度很冷淡。為什麼我會在意這件事（畢竟人人都會有意興闌珊的時候）？我之所以會耿耿於懷，是因為我的大腦啟動了預設規則，即「我得要無時無刻都讓另一半感到興致盎然」，而正是這一規則和假設使得「我讓人覺得無趣」的負面想法被強化渲染。換言之，如果你的大腦未存有這項規則，你也許就能坦然接受有時百無聊賴的狀態。

另外也值得一探的是，為什麼我會提心吊膽，深怕另一半有一天會移情別戀？因為我相信自己不值得被愛（既沉悶無趣，又長相平凡），所以她的背離將會證實這些信念。相反地，假如我相信自己風趣迷人，我或許就會這樣想：「如果她背叛我，那的確會令我非常難過。但我所擁有的特質，也許符合別的女人的理想條件，所以我還能再覓得新戀情。」

當我對自己及他人的核心信念開始作用時，內心的預設規則也會隨之啟動，進而使我開啟威脅偵測——尋找線索（「她並沒有老老實實的待在岳母家」）、讀心術（「她到底在想著誰」）或個人化（「她幹嘛都不說話？想必是厭倦我了」）。為了釐清到底是怎麼一回事，我會進一步採取我們很快就會討論到的應對策略，包括憂慮、反芻思考、質問、考驗、挑釁、情感抽離。另一半愈是刻意逃避和顯露不悅，我就會更加相信這段感情正漸漸崩解。所有的想法、預設規則和信念，致使我採取只會讓情況更加惡化的應對方式。嫉妒模式已掌控一切，而我很有可能淪為摧毀這段關係的劊子手。

核心信念 ↓	預設標準 ↓	偏誤思考
對自己： 「我不值得被愛」 對他人： 「在親密關係裡，我不能相信別人」	「我必須要成為完美情人，才能被愛」 「伴侶必須喜歡我的一切」 「別人會對我的感情構成威脅」 「若另一半覺得其他人很有魅力，那她就會背叛我」	我得仔細注意自身缺點。 我看不出自己有任何優點。 讀心術： 「她覺得那個男人很有吸引力」 個人化： 「我一定是失去吸引力了」 負面預測未來： 「她終究會移情別戀」

被情緒綁架

你曾有過與莎拉（以下情境的女主角）相似的感受嗎？她有時似乎會被難以抗拒的嫉妒感吞噬。

「肯特出差不在家的時候，我總是感到萬分寂寞，沒有他在身邊的時刻真的很難熬。我的腦袋裡不斷浮現他和別的女人調情的畫面，強烈的不安感受鋪天蓋地而來，簡直就快把我逼瘋。我不知道該如何是好。這種膽戰心驚、無以名狀的情緒，緊緊纏繞在我心頭，揮之不去。有時我也會焦慮到心跳加速，情不自禁地嚎啕大哭。我覺得自己失去理智了……」

莎拉的情感經歷並不罕見。她感覺自己被那百感交集的強烈情緒壓得喘不過氣來，也害怕這些負面情緒若繼續存在，將演變成更劇烈、更猙獰的面貌，最後使得整個人徹底崩潰。她感到極度混亂、無助和不知所措。

嫉妒心理不僅是受到一堆想法或是假設的折磨，事實上，「另一半對別人有意思」的想法或許才是真正讓你的內心備受煎熬的癥結所在。也就是說，你很有可能是被這一想法伴隨而來的種種情緒所困擾，包括：

- 來自於無法確知實際情況，以及害怕失去或背叛的焦慮不安。
- 對於自己可能會被對方玩弄、羞辱、糟蹋而產生的憤怒。
- 由於無法確知實情而感到心裡一片混亂。
- 由於你意識到自己愛上了一個可能會傷害你的人，因而對於這段感情產生愛恨交織的矛盾感受。

這些情緒或許如潮水般，一波接著一波，不斷湧上你的心頭——有時消退、有時高漲，有時又讓你麻木無感。有時你或許會覺得自己無法掌控這些情緒，因為它們總是來得如此迅速猛烈、防不勝防，是以也令人很難想像它們會不會只是暫時的過客，在經過幾小時後，你的情緒或許就會變得有所不同。

當你陷入嫉妒模式時，你也許會感覺自己像是個被情緒操弄的傀儡，你唯一能做的彷彿只有屈服投降，乖乖接受被俘虜、被牽著鼻子走。而你也相信，正是當下支配著你的這些情緒，逼使你亂發脾氣、封閉自我、威脅他人，或是表現出事後會懊悔不已的言行。

此種情感體驗，即為情緒劫持（Emotional Hijacking）。它之所以可怕，是因為你相信自己是這種種不可遏止的情緒的受害者。有時，你的情緒似乎來得莫名其妙，而點燃嫉妒怒火的引信，在實際情況最終水落石出後，才發現好像都是些雞毛蒜皮的小事。你可能也心想，因為你搞不懂自己的情緒為何會變得如此激動，所以你也莫可奈何：「我自己也摸不著頭緒，所以我無法控制。」而且，你在經歷情緒的當下，認為這些強烈感受將永無休止，甚至會持續高漲，直至把你徹底吞沒。於是你告訴自己：「我快受不了情緒的折磨了！」你得要立即擺脫這些情緒才行。因此，受情緒劫持的大腦與內心致使你表現出攻擊、質問、情感抽離、威脅等行為。請檢視下列關於情緒的看法是否與你相符：

- 我無法忍受這些壞情緒。
- 這些情緒快把我逼瘋了。
- 沒有人能理解我。
- 我不該產生負面情感。
- 別人都不會冒出這些負面情感。
- 激動情緒有害無利。
- 我會有這些負面感受，一定是我本身有毛病。
- 這些感受讓我覺得很丟臉。
- 如果我不馬上擺脫壞情緒，它們會變得更加劇烈。
- 這些壞情緒將無止盡地蔓延。
- 我必須立刻做些什麼來擺脫這些感受。
- 我無法接受這些情緒。

請試著如實回答以上陳述句。這些句子反映了各種對於情緒的誤解，像是認為情緒（憤怒、焦慮、悲傷、無助等）不受控制、會無限蔓延、自我情緒異於常人、情緒莫名其妙、必須馬上祛除。

你的當下情緒就像是預警災難將至的火災警報器，正發出高分貝的刺耳聲響。

然而，情緒是發生於內在的感受——內在「警報器」與外在「火災」是兩碼子事。可是，情緒不停地發出嗚響……。很快地，你將瞭解到你能如何試著去接納和理解自己的每一絲情緒感受，並學會退後一步去檢視你的想法、感覺、關係、正在發生（或是你懷疑會發生）的事件，以及你擁有哪些應對選項。

對大多數人而言，被情緒劫持簡直跟著魔一般可怕。你可不希望你的頭腦和內心被情緒掌控，甚而淹沒你的日常經驗。但說到底，你無法消除與割捨情緒，因為只要有愛，就難免會生嫉妒——愛與嫉妒形影相隨。

到目前為止，我們已探討過嫉妒是如何演化而來，也瞭解到嫉妒是一種極為普遍的情緒，甚至在嬰兒和動物身上都可見其蹤跡，是以你並不孤單。雖然這些情緒來勢洶洶，但所有情緒終歸都會隨著時間而平息；只是，被情緒綁架的時候，你很難在狂風暴雨中想像雨過天晴。要是你能明白當下的任何感受，都會隨著時間推移而轉變，情況會有什麼改變嗎？如果你能看透此刻掀起情緒巨浪的強風，日後在你心中將吹不起一絲漣漪，你又會怎麼想呢？被情緒劫持的當口，確實很難想起這種事過境遷的感受，但現在不妨就花點時間，試著回想幾年前曾讓你感到心煩意亂的事情，當時激起的強烈情緒，如今是否已平復不少了呢？

在第三篇裡，我們將闡述各種能有效幫助你對抗情緒劫持的實用技巧。我們會擬出一套方法，好讓你能辨識出情緒誘因、跳脫情境，並接納這些情緒的當下存在；接著，你就能思考有哪些方法能讓你走出情緒風暴，並採取最有助益（而非出於情緒決定）的行動。

不妨先從接納嫉妒著手吧！雖然這是一段痛苦、艱難、令人無所適從的情感體驗，但你並不孤單；這本書正是為你而寫，目的是幫助你瞭解這些情緒是人類情感的一部分，也希望能讓你明白，正是因為身為人類，所以我們也具有跳脫情緒，以及選擇各種解決方式，而非依循反射作用行事的能力。

當你被嫉妒劫持的時候，你或許會覺得自己像是坐上了雲霄飛車，隨著情緒墜向低谷而嚇得魂飛魄散、驚聲尖叫。你可能心想，這個過程將永無止盡，或是你會摔得粉身碎骨，你彷彿將眼睜睜的看著一場大災難在眼前上演。然而，你其實有三種搭乘方法：任其擺佈、減慢速度，或起身離開。換言之，你是有選擇的。

在下一章中，我們將檢視當你產生嫉妒的想法和感受時，表現於言行之中的某些問題點。我稱這些言行為應對「策略」，是因為你也許認為，你採取的這些回應方式能帶給你幫助，或是你實在是難以承受，所以別無選擇地這麼做。接著在第六章裡，我們會探討你能如何暫時跳脫、退後一步並接納當下的情緒，以及如何與那些你曾受其操控的想法和感受共存。

情緒和想法最終都會消逝，但你依然在這裡。

第五章
適得其反的嫉妒策略

「我懷疑他去出差的這段日子，八成會勾搭上莉莉，可能還會向她細數我比不上她的地方。我一想到這件事就忍不住火冒三丈。所以他回來之後，我就窮追不捨的逼問他。我怒不可遏，很害怕他會拋棄我。我對他大聲咆哮，指控他出軌，說他是個滿口謊言的混蛋！但他只是滿臉不解。他之後向我解釋：『唉！雪倫啊，莉莉這次根本沒跟我同行。她的孩子突然生病，所以她臨時取消了出差行程。』我覺得自己像個瘋婆子……。我也必須承認，我做了很多愧疚不已的事情：為了掌握他的行蹤，我查看了行車紀錄；他只要幾個小時不在家，我就會猜想他是不是去找莉莉了？我也曾偷偷跟蹤他到健身中心，因為我聽說莉莉也有報名健身課程，只是我也不確定是不是同一間。整顆心被嫉妒感盤據的我，覺得自己勢必要採取行動，非得查個水落石出不可。我一定是瘋了。」

你也許和雪倫一樣，很難坦然去接受內心嫉妒、焦慮和憤怒的感受，因為你相信這些感覺會持續蔓延、飆升，最後把你吞噬，所以你不能坐以待斃，要有所行動才行。這種情況就像是溺水的人驚慌失措地拼命拍打水面，但身體反而逐漸下沉。

在這一章中，我們將檢視各種適得其反的應對策略。雖然名之為「策略」，但並非暗指你是故意選擇某些作為（它們可能是不自覺的反應）。事實上，你或許覺得自己在這種情境裡根本別無選擇，甚至心想「我當然會這樣做、那樣說，因為我**吃醋**到極點！」然而，你不妨跳入另一境界，先試著去接受心中正存有一股無比強烈的感受，然後選擇跳脫這種感覺，花幾分鐘的時間去仔細想想你該怎麼做？內心感受與實際行為不可混為一談。

我們已探討過憂慮與反芻思考，也就是你用以猜想情節、預期可能的不忠行為，以及試圖在事情變得一發不可收拾前，掌控局面的一種可能方式。我會在下一章裡提及各種你能即刻運用的技巧與因應策略，但在此之前，先讓我們來檢視某些你也許頻繁使用的不良策略吧！

在閱讀每一策略的同時，我也希望你能思考該種策略的優缺點。其用意並非指某些行為表現是萬萬不可行，而是，你或許可以嘗試著去衡量利弊和風險，以及想想有哪些替代選項？請記住，你的每一種反應或策略都是一種選擇，你其實有機會去思索不同選項的潛在後果及替代方案。

審問

策略之一為審問戀人。你會追問事情的每一處細節，渴望瞭解所有實情。在你看來，若能從戀人身上挖出愈多訊息，就對你愈有幫助。你想要**確切**知道事實，也猜想著對方仍有所隱瞞。

你可能會用隱晦的方式探問，順道觀察對方的反應：「嗯，那你在那場派對和其他人玩得開心嗎？裡頭有我認識的人嗎？」或者，更單刀直入：「莉莉也在嗎？那你有和她聊天嗎？」或「整場派對待在你身旁的是誰呀？」審問有時聽來就像興師問罪：「我看你是在和別人搞曖昧吧！」你可能會提出一連串的問題、探尋更多的細節，以及抽換不同詞語，反覆叩問同一道問題──幾乎無異於法庭上的律師。

你愈是去質疑另一半，對方就愈顯防備，一次次重申「我沒有做錯任何事！」然而，你把另一半的防禦心理當作他（她）肯定有所隱瞞的證據，於是繼續追根究柢，拋出一連串的提問。你彷彿設計了一套原告與被告的遊戲，而你扮演的角色是檢察官兼法官。也就是說，無論另一半如何答辯，他（她）都將被判定有罪。

這種方式需付出的代價為何？又能帶來什麼好處？其代價包括，另一半對你的防備心增強、兩人之間的爭吵愈發頻繁、不信任感更加強烈。對方認為你不斷找碴，你則覺得自己被忽視，甚至是被玩弄。窮追不捨的逼問使得爭執和冷戰（面對質問，刻意不理睬或轉身離開）的情況更加嚴重，因而可能導致另一半不願再與你分享生活大小事。有時更可能演變為雙方撕破臉、感情破碎，最後分道揚鑣。說到底，感情終結的原因並非不忠，而是由於質問不休造成的長期爭吵。

那麼，這種「打破砂鍋問到底」的做法可能帶來哪些好處呢？也許，你的另一半沒有據實以告，對你隱瞞了某些事情。假如對方彷彿築起一道高牆，拒絕與你溝通，那麼他（她）的確有可能存心想把你蒙在鼓裡。舉例來說，某位女性曾告訴我，她的伴侶時常整晚消失不見蹤影，也不願告知行蹤，所以她最終決定分手。

尋找線索

誠如上一章所言，嫉妒思維的引爆點在於你相信自己被隔絕在某件真相之外，以及懷疑另一半正試圖做一些偷雞摸狗的行徑，像是和別人調情、幽會、互傳曖昧訊息或甚至是偷情。但在這一階段，你仍無法斷言，於是你開始遍尋另一半不忠或心猿意馬的蛛絲馬跡。就像本章開頭的女主角雪倫，她會去質問丈夫、尋找線索、查看丈夫的行車紀錄等，然而，每一次舉動都只是換來下一次「偵查」的強大動力。還有以下其他例子：

- 你會觀察伴侶的外在變化——他（她）是否變得更常精心打扮、穿得更性感撩人、更在意自己的外表？

- 你想不透為什麼他（她）過去都不曾**為了你**這樣費心思？
- 你可能會仔細嗅聞他（她）的衣物，是否留有陌生的香水、古龍水味道，或是菸味（若另一半並無吸菸習慣）？
- 你會懷疑另一半的實際行蹤，因此會去查看行車紀錄，或試圖偷看他（她）的手機。
- 你會查閱另一半最近把誰加為臉書好友，以及他（她）上傳的照片裡標註了誰？
- 若另一半比平常晚回家，你會猜疑他（她）是否在和別人約會？
- 若另一半最近顯得「性」趣缺缺，你會懷疑這是否就證明了他（她）在外偷吃？
- 你也許會發現另一半「異常」向你獻殷勤，是以你會猜想這是不是他（她）做了虧心事的補償手段。

反覆探尋線索這一策略的漏洞在於，你一開始就先抱持了另一半不忠的預設立場，接著再試圖去證明自己果然想得沒錯。因此，對方的任何舉動，只要看不順眼之處，都可能會淪為把柄。你也許會專挑一些雞毛蒜皮的瑣事，然後再放大為滔天大事，更會以薄弱且不足的證據認定自己看穿了對方的所思所想。由於在你眼中，凡事都可能成為「破案」線索，於是你也會選擇否定和忽視另一半的所有愛意表現。然而，你愈是去挖掘線索，就愈難在這段關係裡享受親密、放鬆和快樂——而且也使彼此之間的感情漸行漸遠。

當然了，這種做法也可能帶有某些好處。也許，你會找到能使「案情」真相大白的鐵證，因而得以確知伴侶確實不忠。但諷刺的是，你其實也沒辦法看見另一半對你忠貞不移的事實，因為心存定見去探尋線索，只會將對方的所有正面作為解讀成微不足道，或甚至是企圖隱藏真相的伎倆。說穿了，這只是平衡與比例的問題；若你一心一意想找尋反面線索，那就絕不可能得出正向結果。因此，你得要捫心自問，這種做法是否真的對你有幫助——還是只會徒增更多的衝突、不信任與嫉妒感。

尋找情敵出現的跡象

你會仔細搜尋外在環境裡是否有人對你的另一半蠢蠢欲動。這其實是上述策略的翻版，只是這回你是從別人的行為舉止裡爬梳線索，亦即在你眼中，某些人成了假想敵，抑或是嫌疑犯。「那個女人是在向我老公拋媚眼嗎？他們倆兒是不是有什麼見不得人的事？」「那個男人對我老婆發出會心的微笑，難不成他們之間藏有什麼我不知道的秘密？」若見到另一半和某人聊得眉開眼笑、渾然忘我，你就會不禁起疑。若某人以肢體碰觸另一半，你也會大動肝火，因為在你看來，對方簡直是肆無忌憚地去侵奪**專屬於你的**「領土」。又假設在派對上，另一半當著你的面和別人共舞，那你可能真的會氣炸：「她是和我一起來參加派對的耶！照理說我是她唯一的舞伴才對吧！」

雪倫在與丈夫一同外出時，就經常啟動這種「偵查」模式。如果他們去餐廳吃飯，雪倫會觀察女服務生和丈夫說話的方式。她是否一臉喜孜孜地看著丈夫？她是否很明顯地只對著丈夫說話而冷落自己？餐廳裡是否有其他女人正對著丈夫投以愛慕眼神？

這一策略的問題在於，人際往來可能就此演變為一場你與他人（多半是你根本也不認識的人）之間的對決。由於你總是探尋著來自四面八方的威脅，是以也不太可能去真正享受兩人的共處時光。在某些情況裡，你甚至會發布禁止令，不准彼此與其他人往來互動。

但你也許心想著，這種做法也並非百害而無一利吧！說不定某天，果真就讓你逮獲檯面下的曖昧舉動，或是揪出對關係構成威脅的潛在第三者，因而你就能在事態變得覆水難收之前，藉此讓雙方把話說開。但當然了，很多時候都只是「狼來了」，你的窮緊張與多心卻會造成彼此之間劍拔弩張，甚至很諷刺地，成為感情破裂的原因。所以說，這樣的做法真的能帶給你幫助嗎？

生悶氣與感情抽離

你會不動聲色、隱約減少與另一半的互動，並在心裡想著：「哼，就讓他自己好好反省現在是怎麼一回事吧！」你擺著一張臭臉，變得緘默寡言，冷漠異常，並刻意讓自己抽離關係：有時彷彿人在心不在，有時故意不回應對方的來電和訊息。你想讓另一半嘗嘗想念你的滋味，你想給他（她）一點教訓，但也不願承認這就是你的意圖。當另一半問：「你怎麼了？」你會故作淡定地說：「沒怎麼了啊，都很好啊！」畢竟，如果對方是真的在意，是真心愛你，「那她就會知道我在氣惱什麼！」可惜的是，對方一頭霧水。因此，你處心積慮只為讓另一半感到難受——也或許，是希望讓對方心生內疚。於是你彷彿設計了一道測驗另一半是否對你用情至深的考題，但結果似乎不盡人意。

這就是雪倫向丈夫表達不滿的常用方式。藉由被動攻擊（passive-aggressive），她得以間接表現內心的憤怒與敵意。於是乎，當丈夫問她「到底發生什麼事了？」她總是粉飾太平，不願明白說出心底的真正感受，因而使另一半不明就裡，漸漸選擇逃避。

賭氣、抽離情感的策略，實在很難使關係更美好茁壯。若你害怕另一半變心，這樣的做法反倒更有可能將對方推得更遠。至於想藉此考驗另一半是否在乎，也同樣會造成反效果，因為這些舉動在對方眼裡看來，或許都是不可理喻且吃力不討好的行為。

另一方面，你也許認為刻意疏遠對方，能讓你掂掂自己在對方心中的分量。的確，另一半有可能會為了打破僵局，而千方百計去哄你、親近你。但更實際且明智的做法應該是，以正面積極的作為增強彼此的感情連結，比如提議雙方一同找出解決問題的正面方法。老實說，抽離情感、擺臭臉、冷漠以對，就你看來真能讓關係健全發展嗎？

指控

你會直言不諱地指責另一半行為不檢點或是出軌。「你是在和她搞曖昧嗎？」或「妳該不會和那男人上床了吧？」你未必確知實情，但你認為有必要把你的種種疑念搬上檯面，好先發制人。在你眼中，另一半的否認與澄清無異於狡辯——他（她）急於想讓自己脫罪，所以不惜說謊蒙混過去。你甚至會想方設法羅織罪名，而你也心知肚明，許多都是沒有事實根據的指控，但你就是想瞧瞧另一半會作何反應：他看起來是否像做賊心虛？她的話語是否露出馬腳？你也許覺得氣憤填膺，如鯁在喉，不吐不快：「我得要讓你明白我的真實感受！」你可能會怒罵另一半是虛偽的騙子，是敢做不敢當的孬種，或負氣說出對方根本不配被愛。一旦做出指控，你就不會輕言罷休。不管另一半如何解釋，你都會緊咬不放。

雪倫曾指控丈夫用情不專、在外風流，甚至是有婚外情。雖然她向我坦言，她並沒有確切的證據，且她的丈夫聽來似乎是個老實人，但她有時就是會被情緒吞噬，「哎，我也不是要無理取鬧，只是我是真的氣到沒辦法控制自己。」遭情緒劫持，被內心種種想法和感覺壓得喘不過氣的她，只好以指責對方作為宣洩出口。事後，當情緒平復下來，再回想剛才口出的惡言，她說：

「我簡直無地自容。是我的情緒失控，讓他無故受罪。」

指控策略造成的負面結果是，你很可能會將伴侶推得更遠，也讓自己更深陷在情緒漩渦。當你做出這一連串的指控，內心的怨憤、不安及妒恨只會有增無減。但這並不是說，即使情況確實擺明了事有蹊蹺，你也不該質問另一半；而是，假如你只是「含血噴人」，那對彼此來說，都將造成難以抹除的疙瘩。

指控能帶來什麼好處呢？也許另一半會就此承認，於是真相大白。或者，他（她）會想盡辦法證明自己對你忠貞不二。但坦白說，指控能帶來正面效果的機率有多少？這樣做真的能讓關係變得更好嗎？

貶低假想敵

你會以貶低假想敵的方式來告訴另一半，和你在一起才是明智之舉。你直截了當地表明「第三者」在外貌、內涵或事業成就上，都遠遠比不上你；那個人既無趣乏味，又不可靠、陰險狡詐，甚至是令人作嘔。你也許會這樣評論：「大家都知道那女人是個不折不扣的草包，她一心只想踩著別人往上爬。」「他一直瞞著他老婆亂搞，『渣男』無誤！」「你竟然覺得那女人很有趣！我真心覺得她無聊透頂。」「我看那傢伙每份工作都做不長久嘛！」你的出發點在於，若能讓另一半相信某人實際上沒那麼好，那他（她）就會自動打退堂鼓。除此之外，你也想藉此看看另一半會不會替某人辯解——然後，再理解為這是他（她）確實對對方存有好感的表現。你愈是把別人講得一文不值，另一半就愈有可能出言反駁，進而加重了你的疑心。在你看來，另一半聲援別人的舉動，或是不願附和攻訐，全都代表著他（她）果然偏袒「第三者」。

這種做法的壞處是，另一半也許會就此認定你是一個偏激、充滿敵意或度量狹小的人。這不僅無法打造穩固正向的關係，反而會分化彼此感情。就算另一半認同對方的可鄙，但展現對他人的輕蔑，卻只會突顯你的尖酸刻薄與憤世嫉俗。這對於增進親密關係毫無助益。

你也許希望另一半能看穿某人的醜陋，轉而確信你才是理想伴侶。但不妨反問自己，假如另一半妄加指謫某位你欣賞的友人，或尊敬的工作夥伴，你會作何感受呢？說不定你也會替這位「第三者」撐起保護傘。

貶低另一半

貶低另一半的心態是想藉由揭露對方的短處，以強化其自卑感，好讓對方慶幸能獲得你的垂愛，並自知自己沒有另結新歡的本錢。你的用意是想讓另一半明白，除了你之外，他（她）別無選擇。你也許會指罵另一半是「騙子、小人、蠢貨、醜八怪」，或嘲諷他（她）的性能力或魅力大不如前。雪倫坦承自己曾在某段時期把丈夫當成箭靶，動輒嫌惡對方，譏笑他變得又老又醜，個性「龜毛」難相處，在性生活上也不及格。其言外之意是，除了我之外，還有誰會想和你這種人在一起？

另一種貶低伴侶的方式是告誡對方，若某天你決意分手或離婚，後果將有多麼不堪：「就憑你能賺多少錢？」「我不會讓你和孩子見面！」「像你這種人就注定孤獨終老！」你把醜話說盡，以此讓另一半徹底看清自己是個無法吸引其他對象、沒有退路的失敗者。

這有時也是嚇阻用情不專的一種手法。藉由貶低另一半的價值，你實際上想傳達的主旨是：若你膽敢做出惹我嫉妒不悅的事情，那你（妳）就得付出代價。

這一策略的負面影響為何呢？你與伴侶之間的感情很有可能會變得愈來愈疏遠，甚或會引發報復（或最基本的防禦心）。你很難藉此讓另一半心悅誠服地相信，和你在一起是最理想的選擇。相反地，若對方漸漸把你視作刻薄且具侵略性的人物，這段關係就可能以破裂收場——原因並非面臨第三者威脅，而是你的冷言冷語讓彼此漸行漸遠。你難以重拾過往的溫暖、親密和信任，而你的輕蔑態度在另一半心中，也如陰影擴散，逐漸吞噬這段感情裡的明亮美好。

你也許認為貶低另一半，能傳達出「誰都不准踐踏我的愛、誰都別想為非作歹」的明確訊息。你以為在感情裡施加權力與控制，就能把另一半收服在身邊，但卻可能適得其反；如此的「冷暴力」反而會讓另一半離你遠去。

威脅終結關係

隨著疑心增強，你可能會警告另一半若依舊我行我素，那你就會結束這段關係，以此考驗對方。你也許會以拋棄、攆走對方或不再相見為威脅，或者突然搞失蹤——就讓他心急如焚，讓他自食惡果！你彷彿下達如此的最後通牒：「如果你再不改進，我就會離開你，你這輩子別想再見到我！」在某些情況裡，你甚至會以離家出走「提醒」對方這段感情隨時都有可能毀於一旦。

假使你發現另一半確實出軌，那麼選擇離開、要脅結束關係似乎是無可厚非。不過，也不乏有許多人在經歷出軌風暴後，還能重修舊好；過程雖然艱辛痛苦，但彼此若願意齊心克服，也不無可能。就端看你如何決定。

以分手或離婚作為威脅的問題在於，若你最後總是會回心轉意，對方也許會就此把你的「用心良苦」當作虛張聲勢，只是不必太認真看待的假動作。換言之，你很可能成為放羊的孩子，不再可信。於是，為了重建威信，讓對方相信後果的嚴重性，你甚至會想採取更激進的方式。然而，以威脅為手段也可能造成「玩火自焚」的下場——最後決意離開的反而是對方。對他人施以負面作為往往會遭以牙還牙，是以不到萬不得已，切勿祭出威脅手段。在稍後的章節裡，我們會討論到其他更能靈活運用且風險較低的策略。

威脅分手或離婚的做法有什麼好處呢？以關係作為談判的籌碼，其用意也許是想驅使另一半把你的不悅當一回事。或許你過去曾平心靜氣地，向對方表達過各種令你介意不已的問題，但總是無法得到正視與改善。因此，你再也無法忍受，心想若結束這段關係，你就能好過一些；對你來說，要脅離開似乎是處理內心積累已久的憤怨與焦慮，並能讓你獲得暫時解脫的唯一解藥。坦白說，沒有人能為你在感情裡的去留下指導棋，且比起告訴你「該」或「不該」結束關係，我認為更重要的是讓你盡可能地去評估眼前所有的可能選項——而這也正是本書的核心價值。你是否嘗試過其他替代做法？

威脅另一半付出代價

你也許正利用威脅或懲罰手段限制另一半的人身自由。你可能會向另一半表明，假使他（她）拋下你，你會取走所有財產及孩子的監護權，且會不惜讓他（她）顏面盡失，或是故意嚷嚷自己將有權和某人上床。又或者你會直接攤牌，如果他（她）依然故我，你就要採取激進手段，昭告親朋好友、拒絕做愛或見面。你也許料想，另一半的某些作為終將導致兩人關係破局——要不就是你決意分開，要不就是對方先說再見。因此，你漸漸加重威脅以控制對方，最後甚或以暴力相逼（傷害對方或施行苦肉計），以為如此就能讓另一半離不開你——實為因為害怕而不敢離開。

這種控制策略的壞處為何？儘管強烈的負面情緒讓你難受不已，但試圖以威脅控制他人，鮮少能成功維繫關係。某位女士曾告訴我，她非常畏懼丈夫的嫉妒心，是以和其他人來往都得像做賊一樣偷偷摸摸；而為了脫離丈夫的威脅，她打算悄悄搬離現在的居住地。你不可能控制一個人一輩子。雖然這麼做能讓你感覺一切將如你所願，但事實上卻很有可能把另一半從身邊推得更遠。他（她）最後也許會和你一刀兩斷——理由並非是出現第三者，而是受夠了你的控制和威脅。除此之外，這種方式也會使你保持戒心，無時無刻都處在焦慮之中，因為你一心想要控制不可掌控之物，亦即他人的想法、感覺和行為。

這樣的做法又有哪些好處呢？或許是能掌握實情、防患未然，以及讓另一半明白絕不可辜負你。你的種種顧慮在某種程度上似乎情有可原，但試圖以威脅和懲罰手段操控他人，或許無法讓你稱心如意。相反地，對方更有可能選擇隱瞞、逃避、反擊或甚至是離開你。你無法控制他人的自由，再說，你可能也不希望這段感情是建立在如此的控制基礎上。排除要脅與控制，也許你能找到更理想的做法。

試圖讓另一半吃醋

你也許會想試探另一半是否會因為你和別人調情或示愛而吃醋，藉此確認他（她）對你的心意。你或許會公然在另一半面前和別人眉來眼去，刻意透露和某人有約或是心裡正想著某位前任。抑或是故意搞神秘，目的是讓對方猜想你的行蹤或為什麼不接電話也不回訊息，進而心生嫉妒。

若你感受到另一半的醋意，那你可能會鬆一口氣，相信對方確實投入且看重這段感情。然而，這種高風險的做法也可能造成反效果。另一半可能會以此為自身行為辯護：既然你都能和別人卿卿我我或是搞曖昧了，還有什麼資格指責我？彼此半斤八兩罷了。另一種可能是，另一半會就此認定你不可信任，因而與你拉開距離，甚或揚言分手。在另一半眼中，你的所作所為無異於公然的操控與羞辱，於是漸漸逃離，最終換來你最不想要的結局，也就是關係破裂。

這一策略的好處，也許是能讓你看清另一半對於這段感情的態度。若對方顯得不痛不癢，那你可能心想他（她）只是想談一段速食愛情，轉而調整自己的投入程度。就我看來，這種做法極具風險，因為人們在面對挑釁時，往往會在無意中做出不計後果的舉動。

腳踏兩條船

這是一種尋找感情備胎的迂迴策略。某個女人因為男朋友經常無暇陪伴，除了漸漸對他產生不信任感，另方面也開始暗中與某位已婚男子交往。由於她能從對方身上獲得肉體與精神的滿足，是以也不須再搖尾乞憐似地向男友討愛。然而，她卻陷入左右為難的迷惘，一邊是熱情消退的男朋友，一邊是無法給予承諾的有婦之夫。她的自卑感便在此之中變得更加強烈。人們在心生嫉妒的狀態下，有時會轉而投奔舊愛，心想「萬一現在這段戀情走不下去，說不定我還能回到前任身邊。」如此進可攻、退可守，也彷彿是為自己買了一份感情保單。

這種騎牆觀望策略的問題在於，兩段關係都不太可能順利發展。在與現任伴侶的相處上，你變得有所保留，不再那麼親密，且一心多用也或許得讓你費盡心思去隱藏地下戀情。另一問題是你的劈腿行徑可能終究紙包不住火。若你總是對另一半表現醋意，但到頭來卻發現你才是那個對感情不忠或有所隱瞞的人，問題何以解決呢？

腳踏兩條船的做法在面對其中一段感情破裂時，也許能讓你有恃無恐。知道有一方仍對你保有興趣，或許能暫時提升你的自信；知道自己仍有退路，也讓你感覺彷彿掌有更多的主控權。縱然這些顧慮可以理解，但請試著回想，你是否聽過這種說法：「因為我腳踏兩條船，所以我和另一半的感情變得更穩固了！」我猜，你前所未聞。

你的嫉妒策略奏效嗎？

至此我們檢視了人們在心生嫉妒時，經常會使用的各種策略。也許你的做法包含了上述好幾項，抑或是某些並未在本章提及。無論如何，請試著反問自己：你希望透過某種策略來達到何種目的？並思考這種做法是否為長久之計？

你也許認為自己別無選擇——但其實不然。藉由仔細斟酌各種策略的利與弊，你得以評估這是否是打造尊重、信任與愛的唯一方法（更別說是最理想的方法）。每一策略背後似乎都有說得過去的理由，且有時甚至很管用，因而總讓人誤以為必須採取負面手段，才能迎來渴望結果。然而，上述各種策略都含有潛在的不良影響，因此，你有必要去衡量風險。

採行嫉妒策略的人不在少數，你並非唯一個案。在下一章裡，你將學到其他更有用，且負面影響較少的技巧和策略。畢竟，有誰會希冀感情穩固，但卻用適得其反的做法讓關係破裂呢？

第三篇

反轉嫉妒心理

第六章
退一步觀察與接納

至今你已瞭解嫉妒思維與強烈情緒之間的牽引關係，以及你是如何藉由質問、尋求安心保證、尋找線索等策略應對，接下來，我們要探索更能有效克服嫉妒的實用新方法。你將學會如何退一步去觀察，而不被嫉妒劫持，也將知曉如何辨識想法、感覺和行為之間的差異，以及怎樣與當下看似無比真實且強烈的負面想法對話。我們也可以為嫉妒騰出一處空間，如此就能不再感覺備受壓迫。在此過程中，我們能漸漸學會接納——每個人都有缺點，都不完美，並且都有難以跨越的自我障礙。多了這份理解，我們就能以泰然態度面對這個真實世界。

「我該如何停止這種負面感覺？」

一旦掉入嫉妒模式，我們的想法和感受會變得波濤洶湧。整個人就像是陷入龍捲風暴，被恐懼、怨憤、困惑和悲傷的狂風猛烈抛擲。源源不絕的負面想法盤據腦海，我們彷彿失去了自我控制力，無法從這場風暴全身而退。紊亂思緒和猙獰情緒將我們緊緊吸附，是以也往往令人覺得根本沒有機會逃脫。凱倫說：「我覺得我被某種無法控制的力量把持……，當男友告訴我，他在派對上巧遇他的前女友，我的內心瞬間湧入各種亂七八糟的負面情緒，甚至逼得我想放聲尖叫！我到底是有什麼毛病啊？」

我們似乎認為，生活不該沾染上嫉妒、焦慮、悲傷、憎恨、憤怒——我們應該要無時無刻都保持快樂心情。可惜的是，生活未必能盡如人意，生活實際上佈滿了挫折與沮喪，有時足以讓人糾結到難以跨越。有時，我們會追求**情緒完美主義**——內心世界要充滿平靜、滿足、快樂和安全感，但現實生活並非如此。當痛苦的負面感受突然襲來，我們往往無法自拔地陷入其中。但，情緒完美主義可不容許我們這麼做。

因為我們被情緒劫持了，所以一心想要擺脫這些負面感受，急於讓頭腦和內心恢復澄明。我們渴望清晰思路、平靜內心、確定感，得不到這種平和狀態（似乎永不可企及），往往就感覺自己迷失了。只是，我們愈是奮力掙脫這些內在經歷，愈是感到迷惘無助。情緒風暴掀起的狂風巨浪，持續在腦海和嫉妒心中翻騰，我們卻不知該如何是好。

獨自面對這些難以啟齒的情緒襲擊，你不禁想問：「我該如何停止這種負面感覺？」你覺得自己再也不堪忍受，甚至懷疑是否得結束關係，才能換來內心的平靜。但你深愛對方，真切不想失去他（她）。畢竟，嫉妒之所以萌生，追溯初衷是想讓另一半留在身邊，不是嗎？

本章將探索你能如何與各種（即便是你避之唯恐不及的）想法及感受和平共處，而不受其劫持。這就好比是在過年過節的晚餐時刻，你學會了包容那些人來瘋的親戚。你會退一步觀察，不隨之起舞。藉由察覺、觀察和接納，你就能與頭腦裡的背景雜音共存，而不傷害你所重視的這段感情。

為嫉妒留一處空間

別以為嫉妒需要被消滅。就讓它存在於內心，別急於控制它。就讓它暫且成為感情裡可被理解的一部分。就任由嫉妒煩擾或嚇唬你，但千萬別讓它掌控一切。就把嫉妒視為鳴響的警鈴（當中不乏許多烏龍警報）。從現在開始，你除了意識到嫉妒正在心裡拉起警報，也將和另一半一起試著去接納嫉妒。

你過去也曾聽過這樣的聲響——嫉妒彷彿是迴蕩在街道的聲音；是車輛發出的刺耳喇叭聲；

是巷弄裡傳來的喊叫聲。這些聲音也許會倏忽而過，也許會吵醒你。就順其自然，任由嫉妒的聲響在耳邊出現，但別被它支配——**就像當你聽見鳴笛的消防車呼嘯而過，你並不需要動身追逐。**

想像你的感情擁有海納百川的包容力，是以足以面對、接納嫉妒發出的各種雜音。一旦雙方都能接納嫉妒的存在與鳴響，那麼也許就能一同找出解決之道。嫉妒是關係裡的兩人都得學會與之共存的課題。

「可是，」你說道，「我怎能忍受自己對愛人懷有怨懟和焦慮不安的感覺呢？我實在無法接受這種愛恨交織的情感。愛與恨不是該涇渭分明嗎？」惠特曼（Walt Whitman）在詩篇《自我之歌》（Song of Myself）裡，謳歌老幼、美醜、貧富，他欣然擁抱所有生命，所有人性。

我自相矛盾嗎？那好吧，我是自相矛盾的（我胸懷廣闊，我包羅萬象）。

不妨把嫉妒視為這段關係裡包羅萬象的情緒感受——容納了愛與恨、和平與衝突、恐懼與寧靜。這些確實存在於內心的對立感受，實則構成了完整的情感體驗。若你認為自己只該有單面感受，那才是真正的自相矛盾。嫉妒是眾多情感體驗之一，也是造就人與人之間寬容的一種方式。

我不好，你也不好——儘管如此也無妨

若你的另一半常因為你而心生妒意，那你或許渴盼著嫉妒徹底滾蛋。你希望凡事都能讓另一半看得「順眼」，別無事生非，只想兩人輕鬆愉快地相處。

湯姆斯．哈禮斯（Thomas Harris）於一九六七年出版了一本暢銷書《我好，你也好》（I'm OK — You're OK）。我猜他是個樂觀主義者吧！說穿了，我們真的相信自己一切都好？我們真的以為我們不會惹惱彼此，讓彼此失望，也不會批判自我及身邊的人嗎？老實說，我並不認為那本書的論點切合實際。

對於人際交往，我持有不同看法，那就是「我不好，你也不好——儘管如此也無妨」。每個人都有那麼一點瘋狂、偏頗和不理智，不是嗎？假如你願意接受這一現實，那你就能安住在這個充滿不完美人類及墮落天使的世界，並能坦然走過生活中的跌宕起伏。人們時常嚮往生活在完美和諧的烏托邦境地，但別忘了，「烏托邦」一詞源自希臘語中的「不存在的地方」；換言之，你不可能企求到達那烏有之地。以下是關於如何看待這個真實世界，並且能幫助你改善關係的幾種視角。

共處洞穴

試想，你的伴侶被強烈的嫉妒感吞噬，心裡正感到萬般孤獨、恐懼、無助和混亂。不妨想像他（她）此刻身處在某個設有無數通道的闃黑洞穴裡。而你也在這裡，希望藉由手中閃爍著微弱光線的蠟燭，為彼此找到出路。雖然你的內心充滿害怕且不知所措，更擔心燭火一旦熄滅，屆時就將陷入全然的黑暗。但你知道，彼此若能一同緊握燭台，一起將同理心化成的氣息吹入燭火，四周就能變得更加明亮。或許，你不知道哪一條通道能通往出口，但你曉得，你們能並肩走過。

愛是在黑暗之中同行

正如同我們需要為親密關係裡的嫉妒騰出空間，在職場、家庭、友誼裡也是同樣的道理。任何你在意的關係，都有可能產生痛苦難解的情緒感受。在與同事的相處上，你也許對於處事方式抱有某種理想化的觀點，比方說，人人都必須永遠公平。如果我們生活在那樣的無私世界，那的確令人額手稱慶，但真實社會並非如此。因此，意識到別人也許會獲得比你還要多的關注和厚愛，是我們得做好心理準備會遇上的現實情況。當偏私似乎成為常態，我們就不能再一味地說：「我真不敢相信會發生這種事！」不公平並不代表你就無法取勝。重要的是，我們必須學會以更切實的方式，生活在這個不公隨處可見的社會。成功人士明白如何與「不公平」相處——他們不會把問題個人化，而是轉而為勝利擬定策略。

接納各種情緒

為嫉妒留一處空間，意指我們認知到人與人之間的交流十分複雜，是以必須試著理解內心各種情緒（並非只有正向愉悅情緒）的存在。我們可能深愛著伴侶或友人，但仍不免會對對方產生怨懟、嫉妒、憎惡，甚或是報復心。但這並不是說我們會依照每種感覺行動，而是指我們確實會因他人產生氣憤、沮喪、心煩和失望的感受。

我們想要在生活中，對他人僅存有純淨美好情感的不切實際渴望，我稱之為「無邪之心」。這亦是一種情緒完美主義，意味著「我對別人只能有正向情緒，相反地，別人對我也是一樣。」遺憾的是，現實世界並非如此。現實世界充滿各種失望——伴隨著喜悅、愛和意義。人非聖賢，每個人都難免會讓彼此失望。重點在於，我們能否在跌倒後再站起來，並學會療傷止痛？當我們給予的認同、支持和關愛，不符合對方期待的時候，我們能否撫平心中的同理心挫敗？與失望絕緣的生活並不可得；我們都有無能為力的時候，包括我自己在內。

我們都是墮落天使

當你感到沮喪或失望時，你會怎麼做呢？有些人會變得悲觀、憤世嫉俗，具攻擊性，或漸漸在心中築起高牆，有些人則試著以更切實且多元的視角來看待人生與關係。我會選擇後者。

就我來說，努力嘗試讓自己成為聖人，下場就是——活在人間地獄裡。因為事實上，每個人都是墮落的天使。永遠都別忘記，沒有人能如聖人般完美無瑕，沒有人能不沾染上嫉妒、憎惡、羨慕、厭煩、憤怒或失望的情緒感受。人人心中都有陰暗面，以及光明面——儘管我們有多麼希望光明普照整個現實世界。然而，感情不全是恆常美好的感受，實則包含了許多難解、有時幾乎是無解的問題。不管是愛人或被愛，都不是一件容易的事。與朋友、手足、同事的相處亦是如此。彼此之間總是會有水火不相容的時候。

所謂「關係」，就是具備感受一切的包容力，以及繼續往前走的能力。相較於情緒完美主義，不妨轉而接納情緒的多元與豐富。

與其奮力掙扎，不如靜心觀察

你愈是想擺脫某一想法或感覺，它們反而會變得更加強烈。你多想拎著腦袋叱喝：「別再往死胡同裡鑽了！」或是嚴斥自我感受：「你這個沒用的傢伙，你又再吃醋了！」然而，這就像是在對付那隻出現在一九五〇年代的原子怪獸，你愈是火力全開攻擊，愈是為牠補給更多的能量，使牠變得更凶猛巨大。同樣地，當我們千方百計想要殲滅各種想法感受時，急於掙脫的力道，反而會為其注入更強大的力量。那我們該怎麼做呢？

有一有用做法，稱作「正念」（mindfulness），意指拋開論斷和控制的欲念，全然專注在當下。正念能讓我們停留在此時此刻，既不躍向未來，也不跳回過去，是以有助於我們鬆開糾結——和過去、未來有關的念頭——把注意力僅僅投注在當下。當人們心生妒意的時候，時常會過度執著在各種念頭，像是回想過往的某些片段，或是預想可能不會發生的未來情節。藉由正念，我們得以放下所有雜念，安住在此時此刻。學習去除雜念，不妨先從專注於呼吸著手。現在就來嘗試看看吧！

試著去覺察你的呼吸。仔細關注每一絲氣息的進出，此刻是吸氣，還是吐氣？把意識純然集中在呼吸，但別試圖去控制或調整它，只要覺知它的存在，感受此刻呼吸的吐納過程是如何在身體裡流動、變化？每當你發現自己分心，注意力被其他念頭或外在聲響拉走時，試著將意識緩緩引導回呼吸的一吐一納。

如果我們也能以上述方式看待自己的各種想法和感覺，會怎麼樣呢？假設你的腦海突然浮現「另一半可能在和別人打情罵俏」的想法。就把這一想法或念頭，看作是氣息吐納的過程。想像它是飄浮在天空中的一串字句，而你就站在原處，靜靜觀看著它隨徐徐微風緩緩飄動。你不需隨之起舞，純粹靜心觀察就好。你就身處在當下，覺察、靜觀它的存在，並任由它在天際之間飄忽來去。全然感受自己就安住在此時此刻，無為、不強求，只是覺察、靜靜觀看。另一種方式是，想像浮現在你腦海的念頭呈現在電影屏幕上，你就安坐在觀眾席，觀看著它如一幕幕電影畫面播放而過。你在這一側，而你的念頭在那一側。

你與你的念頭彷彿是分開的兩個獨立個體——你並不代表它，而它也不代表你。不管它如何進展，如何張牙舞爪，你依然安坐在椅子上，靜觀你的念頭和感覺在屏幕上穿梭，意識到它們的存在與經過。如果你不去捕捉這些流動的念頭，它們就會漸漸離你遠去。

不過，它們也可能會再次重返腦海，但請保持靜觀姿態，任由它來去，就像你的呼吸吐納，也像一陣一陣輕輕拍打在岸邊的海浪。你就身處在此時此刻，藉由靜觀，為你的念頭、想法和感覺挪出空間，並且讓它順其自然。

正念呼吸練習

在這一練習中，你只須坐下來觀察自己的呼吸——不作評判，也別試圖控制氣息吐納的快慢或深淺。你只須靜觀，任由氣息自然進出。其目的是透過以下六個簡單步驟，練習讓你的內心安住在每一個當下片刻。

1. 找一處安靜舒適的地方坐下、挺直腰背。
2. 將注意力集中在呼吸，感受氣息的吐納。

3. 全然靜觀氣息在身體裡的流動。
4. 察覺到自己分神（注意力被其他念頭、回憶或雜音影響）。
5. 溫柔地將注意力引導回呼吸的一吐一納。
6. 關於自我內心，你覺知到什麼？

- 它是否心不在焉？
- 它是否紛亂如麻？
- 你是否追逐著每一絲念頭，而非讓自己停留在當下？
- 你是否對自己的念頭和感覺做出評判，亦即，嘗試去抑制或否認？

你也許會發現，你被自己的嫉妒頭腦操控，是以當嫉妒的念頭和感覺冒出時，你的內心就會掀起波瀾。然而，透過正念練習，你就能漸漸地將這些念頭和感覺，想像成只不過是外在的雜音罷了。你可以藉由覺察，以及把注意力帶回到呼吸或此時此刻，暫時放下嫉妒的雜念。

認可你的嫉妒感受

你也許和嫉妒奮戰已久（或許你總是刻意壓抑這些感受）。你也許感到不知所措，或是羞愧不已，甚至懷疑自己是否患了嚴重的心病。嫉妒總是冷不防襲上心頭——當另一半不在身邊的時候，或是當你們和他人互動往來的某一瞬間，或是當你一個人獨處，突然想起對方的舊情人——嫉妒似乎隨時都會找上門來。

對你來說，克服嫉妒並不容易。嫉妒並非你所樂意，更不是你刻意為之的產物。有時，你覺得沒有人能真正明白你有多麼奮力掙脫，更無法向身邊最親密的人（你的伴侶，也是讓你產生嫉妒感受的對象）傾訴。因為每當你吐露嫉妒感受，對方可能會說：

- 別拿這種小事煩我！
- 這是你個人的問題。
- 我沒做任何虧心事。
- 你也太沒安全感了！
- 你怎麼會這麼神經質啊？

這些反應只會讓你更不好受。因此我會建議你以另一種方式看待嫉妒，亦即，你擁有產生各種情緒感受的權利。這就好比是我們不會對頭痛欲裂或腸胃絞痛的人說：「哎呀，你就忍忍，等一下就好了」、「你根本沒必要陷入這種感覺」。疼痛就是你此時此刻的知覺感受，正如同你的焦慮、悲傷、憤怒和嫉妒。

暫且退後一步，試著去尊重這些情緒的原本樣貌——它們屬於你此刻的情感體驗，儘管難熬，但這就是你的真實感受。請允許自己擁有感受情緒的權利。

話雖如此，但這並不代表情緒背後的想法具有事實根據（可能有，也可能沒有）。無論如何，『事實』與『感覺』是兩碼子事。比方說，我料想自己會孤獨過一生，因此我感到沮喪難過。對我來說，悲傷感受千真萬確，僅因為是它來自於我的內心。可是，我也可能料想錯誤（我可能不會永遠孤單）。在事實水落石出之前，我們無從斷定想法的真假虛實。但情緒感受的真切存在無庸置疑，有時在經驗情緒的當下，甚至會令人感到排拒，是以我們有必要去認可自我感受。所謂認可，就是指認知且面對真實，而真實就是，你此刻心生嫉妒，並且感到痛苦難受。

練習認可自己

你可以藉由下列的自我對話，來認知且面對心中的嫉妒感受。

- 這就是我此時此刻的感受，而我擁有感覺任何感受的權利。
- 雖然這令我感到痛苦難熬，但我有必要去接納這種不適感。

- 這些難以忍受的感覺，是出自於我在意對方。
- 有時我會感到孤單，無法抒發這些感受，是以讓嫉妒更加難解。
- 我並不孤單，因為嫉妒是人之本性。

我們所認知的嫉妒，往往是其醜陋不堪的一面。然而，如果這段感情對你來說一文不值，你可能也不會心生嫉妒。因此，我認為嫉妒或許是源自正面的情感態度，以及你對某人的重視。嫉妒幾乎等同於承認某人在你心中占有分量，以及你對關係裡承諾、誠信、濃烈情感與愛的看重。不妨捫心自問，你的嫉妒之情，是否是愛與投入的一種痛苦表現？請尊重自身對於愛、親密、浪漫、忠誠的信仰價值；畢竟，嫉妒說明了你對這段關係的緊密牽繫，也反映出你對於失去這段連結的恐懼。以下是我與某位受嫉妒苦惱的個案之間的對談：

鮑伯：嫉妒有時與我們抱持的感情觀念息息相關，比方說，一夫一妻制、承諾、誠信、親密。妳擁有這些美好的價值信仰嗎？

卡蘿：嗯，當然有。

鮑伯：那從某方面來說，妳的嫉妒代表妳在乎，所以在感情裡妳不是一個膚淺的人，妳會認真投入。

卡蘿：沒錯。

鮑伯：要是妳的伴侶對妳說：「我覺得每個人都應該自由自在地去追求內心的渴望，所以如果妳想和別的男人約會，甚至是上床，那就去吧！我一點都不會介意噢。」妳會作何感想？

卡蘿：我會懷疑是他自己想和別人亂搞。我不會相信他的這番話。

鮑伯：就某種意義上來說，妳會希望妳的伴侶因為妳而吃醋，因為那就表示他看重這段感情，而且在乎妳。

卡蘿：沒錯。假如他都不痛不癢，我會覺得他在這段關係裡不可信任，也會覺得自己在他心中無足輕重。

鮑伯：也許嫉妒就和其他任何情感一樣，有積極的一面，也有消極的一面。我認為重要的是能去認清嫉妒不僅有其道理，更或許體現出關係裡情感的投入與信任。

卡蘿：嗯，這樣一說，讓我更能坦然接納自己的全部了。

認可嫉妒的第一步，就是覺知這些痛苦難熬的感受，確實存在於你的內心。下一步則是瞭解你心中的憂慮、憤怒和焦慮是來自於**你在乎某人**。你之所以會感到嫉妒，是因為你珍視的對象、你看重的感情可能受到了威脅。你有必要去肯定自己對於愛、承諾、親密、誠信的重視，以及你對深刻感情的渴望。沒錯，這些都是感情的重要元素。然而遺憾的是，嫉妒有時卻是以怨憤和焦慮的面貌，映照出這些正面價值的存在。

是以你彷彿困陷在看似兩難的境地——對某人又愛又怕。這種矛盾煎熬可想而知；但請試著去理解與接納內心的拉扯與衝突，試著為心中一切感受騰出空間，你胸懷廣闊、包羅萬象。

認可嫉妒的另一種方式是瞭解到，嫉妒是一種極為普遍的情感。如同第一章所述，嫉妒心理的存在遍及全世界，不分文化和歷史時期，且在孩童（乃至嬰兒）、動物（乃至昆蟲）身上都可見到。理解嫉妒情緒的普遍性，或許能讓你感覺不再那麼孤單、那麼「異常」。當我們意識到自己的情感和需求具有普遍性時，我們也許就能接納、包容這些感受暫且存在於心中。

除此之外，不妨反思你是以怎樣的角度看待事情。假如你相信另一半會背叛你，那就不難想像這樣的看法，會衍生出多少嫉妒感受；又假設你時常想，如果另一半真的背叛了你，你的生活將變得黯然無光，或是你會備感羞辱——那可想而知，這般想法會使你產生多麼強烈的情緒。不管你後來發現你的看法是對、是錯，或是模稜兩可，它們都是你當下對於事情的理解，而如此的理解可能帶給你排山倒海的痛苦感受。認可你的情緒感受也意味著，你能意識到你的想法和理解，與這些情緒感受息息相關。

若你有過被背叛的經歷（舊愛曾經劈腿，或是現任伴侶不忠於你），那你會冷不防冒出嫉妒感受是可理解的。這些經歷會使你更易於產生嫉妒情緒，以及在眼前的經驗中察覺到背叛的可能性。如果你的父母（任何一方，或雙方）曾有過婚外情，或是離家出走，或是在需要時總是不在身邊，那也不難理解你會感到焦慮不安，因為如此的經歷可能會為你的信任障礙埋下伏筆，而且也使你變得格外敏感。沒錯，你的過往經歷或許是構成此刻情緒感受的一部份。

另外，我們也必須承認，的確有可能，你的另一半並不完全值得信任。或許有某些事物勾起你的疑心，或許他（她）有所隱瞞，或許他（她）沒有你期望的那般可靠，也或許如你所料，不單純的事情正悄然發生，因此，你的不信任感是合理的。但即便如此，就算你的想法和感受情有可原，就算現實情況可能暗藏玄機，但依然存有許多方法能幫助你面對因此而生的情緒感受。

「認可、尊重內心的感受」無比重要。承認它們就存在於你的內心，意識到它們有時會讓你感到痛苦難過；原來愛一個人並不好受，因為我們會受傷，會失望，甚或我們的恐懼會成真。沒錯，試著去覺察、接納你的情緒感受，試著去領會它的滋味，試著去理解它之所以會讓你感到痛苦的原因。接納了自我感受，接下來，我們能再進一步妥善面對。

跳脫嫉妒

認可情緒感受，並不等同於受其操控。你可以認知你當下的憤怒和焦慮，也可以指著你的嫉妒感受說道：「嗯，我察覺到我又冒出這種感覺了。」但你並不隨之起舞，你選擇退後一步、站到一旁，思考片刻。當你暫且跳脫感受時，不妨問問自己：

- 我真的想被這些想法和感受劫持嗎？
- 我希望讓我的嫉妒感受變得更加強烈嗎？還是我想要抽身而出？
- 如果我放任它佔據我的頭腦和內心，情況會變得怎麼樣呢？
- 如果我任憑感覺採取行動，會發生什麼事呢？
- 對於眼前的事情，我有沒有可能誤解了？
- 此刻我能做些什麼來妥善面對？

藉由類似上述的方式，暫且跳脫感受，就能更清楚看見自己存有的偏見、想法、行動和反應。在認可痛苦情緒的同時，我們也能發掘出導致情緒產生的背後想法，以及仔細思考我們可以如何面對嫉妒、如何回應情緒——我們依然接納這些負面情緒的存在。雖然這些情緒感受有時逼得人想抓狂，但採取質問、斥責、懲罰、威脅、跟蹤、反芻思考、憂慮等表現，只會使你更加痛苦。我們的言行舉止不須受到想法和感受的支配；我們可以找出其他更好的應對方法——我們不須淪為大腦的奴隸；我們是大腦的主人，握有真正的決定權——我們可以退後一步、思考、衡量各種選項。

試想是否有其他應對負面感受的方法呢?比方說,你或許明白——雖然當下情緒來勢洶洶,看來失控且永無休止,但它們只是暫時的過客,未必有害,你毋須受情緒掌控。試想你能否以更全面的思考角度,幫助自己退後一步、接納、觀察、解決問題、打造更寬闊的人生、從事有意義的作為、改善與另一半的溝通,更藉此懂得除了你自己,沒有人能決定你的生活樣貌。

慈悲待己

嫉妒對你來說,有多麼難以承受,你比誰都清楚。無論你的朋友或伴侶,對你抱以多大程度的理解、同理或關心,但沒有人在此刻實際經歷你的真正感受。你的嫉妒源自於對背叛的恐懼,或是害怕被你愛的人拋棄,而這也可能是你面臨到最難以跨越的情緒關卡。也許,你有時會氣自己為何要產生這些情緒,有時會羞愧於自己有某種感覺,有時也害怕你的世界會在你的眼前漸漸崩解。

現在開始就試著讓自己跳脫當下排山倒海而來的負面感受,把自己看作是某個你很在乎、很敬重,你很愛的人。這樣的概念或可稱作「慈悲」(compassion),因為如此一來你會期盼自己脫離折磨與痛苦,希望給予自己關愛和憐惜。你會想要給自己一個擁抱——連同你的嫉妒心——想像如同對待受苦的他人那般,帶著慈悲之心,敞開雙臂擁抱自己,答應自己會永遠不離不棄。藉由這種方式,你得以關照和撫慰破碎的內心。

你無時無刻都與自己同在，你也能永遠愛自己——你需要愛，那何不給自己愛？何不當自己永遠的後盾？

你可以想像在你的童年時期或是你的朋友當中，某個始終友善、溫暖且關愛你的人，對你說道：「我愛你，我很在乎你，我永遠支持你。」想像他（她）溫柔地將你摟進懷裡，用愛將你圍繞包覆，此時此刻就陪伴在你身旁，不離不棄。

想像你始終被愛——**被你所愛**。想像你永遠都與自己同在，永遠都會在內心擁抱自己。當你害怕失去愛的時候，別忘了提醒自己，你始終被自己所愛。在溫暖力量的輕柔包覆中，你能暫時感到平靜。就算置身狂風暴雨，你也能在充滿愛的擁抱之中，找回風平浪靜。

懂得退一步觀察、傾聽情緒，允許嫉妒感受的存在，接下來，你就可以開始梳理腦海裡的念頭和想法！

第七章
與想法共存

當你的腦海湧現嫉妒想法時，你是否曾喝斥自己快打消這樣的念頭？「就此打住，不要再往下想了！」「夠了！」如果你曾有過這種經驗，效果如何呢？這種做法在心理學上稱作「思考中斷法」（thought stopping）；心理學家甚至曾讓個案在手腕套上橡皮筋，是以當他們的腦中浮現不必要的想法時，就能用力拉彈手腕上的橡皮筋，來確實「打消」想法。然而，思考中斷背後隱含的概念是，這些想法是醜惡的，必須立刻阻斷才行。只不過，亟欲擺脫的想法卻偏偏會不斷**反彈**回來。再說，要無時無刻去拉彈橡皮筋有點強人所難，另方面也甚而會讓人們以為自己不准與某些想法共存，所以才得要將它們驅離腦海。

倘若你以類似方式對付嫉妒想法，你會發現，為了抑制這些想法，你反而會更關注其中。你會忍不住去尋找更多的嫉妒想法——嘿，馬上就找到了。但假如你尋找的不是嫉妒想法，而是截然不同的事物，例如，飄浮在天空中的雲朵、滴落在屋頂上的雨聲、擺放在身旁的書本顏色，或是試著去感覺呼吸的吐納，結果會有什麼不一樣呢？你可以感知與接納嫉妒想法的存在，但接下來將注意力轉移到嫉妒想法以外的外界事物。覺察自己此刻的關注焦點為何，並問問自己，是否還存在其他更重要、更舒緩平靜的事物？

在這一章裡，我們將探討與想法——不請自來的討厭想法——的共存之道，不管腦袋裡彷彿傳來轟隆作響的雜音，我們都能不受干擾阻斷，繼續進行自己該做的事情。我們不須追逐嗚響過街的救護車，不須仔細聆聽隔壁桌的談話內容，也不須接聽每一通打來的推銷電話。

同樣地，當你湧現某些想法時，與其喝斥自己不去想，你其實可以利用各種有效技巧與腦袋裡的雜音共存。僅因為腦海裡浮現某一想法，並不代表你就得日夜浸泡其中——你還有其他的選擇。你可以選擇接受它的存在，告訴自己「嗯，我看見你在那裡了。」然後不被打擾地，繼續做其他該做的事情。這就像是你在開車的途中，經過並看見路邊的尋常信箱，你並不會因此停下車來，前往翻找信箱裡有什麼東西。相同的方法也可適用在嫉妒的想法——你能察覺到它的存在，並在腦海裡指認它「噢，又是你啊！」然後，繼續完成手邊的工作，繼續前往你要去的目的地。允許嫉妒想法純然存在，允許自己此刻與它共存——但不為之操控。

不經意的想法如何演變成重要事件

一天之中，也許有數千個念頭和畫面閃過你的腦海，但在一天結束之際，仍在腦海裡縈繞不去的很可能所剩無幾。不管你現在置身何處，請暫時放下書本，閉上雙眼，試著回想圍繞在你四周的景象。

此刻我坐在我的書房裡。眼睛閉上，我能想見我的右手邊有一台電腦螢幕，正前方有一扇窗，窗外是一片烏雲密布的天空；地板上放了一個籃子，裡頭裝了一摞資料，旁邊有一張堆滿書本的椅子，門邊則有一隻想要前來幫忙我寫作的貓咪。但坦白說，在我開始投入撰寫這一章節時，除了貓咪之外，我其實沒有覺察到上述物品的存在。我專注思考腦袋裡的想法、聚精會神看著電腦螢幕上的文字，加上有時會忍不住想查看我的電子郵件。換句話說，有許許多多的想法、畫面、知覺穿梭在我們的短暫意識中，然而，除非停下來、關注其中，否則我們就會將其拋諸腦後。

在當下浮現的某種類型的想法會獲得我們較多的關注。這些想法可能是令人愉快的，例如，我想到今晚和友人伉儷的晚餐閒談。但另一些想法則可能是令人不安的，像是嫉妒想法。如果你是一個善妒的人，那麼你也許滿腦子都是這種不安想法：關於另一半和別人打情罵俏、關於另一半的舊情人，或是另一半背著你偷吃。當你意識到這些想法時，你就會瞬間感到憂心忡忡，彷彿大腦告訴你「別管其他事情了，趕快來**關注這些想法**啊！」

這些就是所謂的侵入性想法（intrusive thoughts），因為當它們浮現腦海時，你能意識到這些是不請自來的負面想法。接著你啟動了嫉妒思考策略。策略是什麼？就是大腦將不經意浮現腦海的想法，轉換為重要事件所採取的一系列步驟。以下是你對侵入腦海的嫉妒想法抱持的觀點：

1.「這個想法很重要」
2.「我得要關注這類的想法」
3.「這個想法會如此鮮明——就代表事有蹊蹺」
4.「我會冒出這樣的想法，就表示我的另一半不可信賴」
5.「這個想法能讓我預料之後會發生什麼事」
6.「這個想法能使我先做好心理準備」
7.「我有責任去查明事情真相」

就讓我們來逐一檢視這一連串的步驟。在一天之中，你的腦海閃過數千個想法和畫面，但忽然之間，你卻格外重視起某些想法。純粹浮現在腦海的嫉妒想法，對你而言，非同小可。你不會像處理某些念頭那樣，讓它一閃而過，或是告訴自己「這太可笑了」、「這只不過是一個念頭罷了」。相反地，你認為「這很重要」；因為重要，所以你會覺得自己有必要去關注類似的想法。於是你開始專注捕捉任何在腦海裡出現的嫉妒想法，當然了，結果是「滿載而歸」。

你之所以會發覺到嫉妒思緒，是因為你反問自己「我有嫉妒的想法嗎？」而光是這一提問，就意味著你必然存有嫉妒的念頭，於是大腦開始尋找那些曾反覆湧現的嫉妒想法。其他不相關的念頭被你忽視和丟棄。你就像是在一顆焦慮不安的大腦裡，展開一場獵捕想法的搜索行動，最後任務達成——你找到了一籮筐的嫉妒！

由於你反覆在腦海裡尋找、並且找到嫉妒想法，所以你斷定這些想法的存在，就意味著事有蹊蹺，且八九不離十。在你看來，它們並不是胡思亂想，也不僅僅是腦袋裡的雜音，而是向你傳達某種訊息的警報信號。與此同時，你開始相信，光是浮現這些想法就能代表你的另一半不可信任：「我的另一半說不定心懷騎驢找馬的心態——我的腦袋剛剛突然冒出這樣的念頭——搞不好是真的。也許她不值得我信任。」如此，你把想法當作是**不信任的證據**；然而，這就好比是被指控犯罪的情形，檢察官表示：「有人冒出了一個想法，認為你就是犯人。這一想法就是證據。」法官旋即敲下木槌，大聲宣告：「所控罪行成立！」

在你眼中，這些嫉妒想法儼然成為了一種自我保護。它們提供你幫助，提醒你暗藏的背叛、警告你感情崩裂的可能性。這些想法的作用也猶如飛彈早期預警系統，有助於你在飛彈來襲之前，預知飛彈已發射攻擊。存有這些具保護作用的想法，屆時你就不會猝不及防，你就不會受傷、不會被踐踏羞辱。於是乎，你並不想撤除防備、鬆懈警戒，換言之，你不願關閉腦中的警報系統。

這些如同警報的想法全都在發出鳴響，於是你得馬上去查明實際狀況。是否發生火災？另一半有沒有說謊？有什麼事情正在悄然發生嗎？你不會告訴自己「噢，那只不過是一個念頭，我可以不予理會。」沒有。這時候你反而會想「我必須正視這個想法，並且採取行動。」因此，你開始尋找證據——但卻是片面、偏頗的搜索。你在尋找的是能夠應證想法的線索：關於另一半對這段感情熱情消褪，關於她和別人眉來眼去、別人對她心生愛慕的蛛絲馬跡。你甚至會鑽進自我想像裡查找線索：「如果我能輕易想像得到，事實肯定相去不遠。」於是所有在你腦海裡栩栩如生，另一半與某人交談、調情或肢體碰觸的幻想或畫面都成了罪證。

評斷侵入性想法

對於闖入腦海的嫉妒想法，你判定它們具有立即重要性、切身相關性，並且能提前預知將來會發生什麼事。但等等，我們不妨先停下來、重新審視你在此的思維。也許你的判定錯誤，也或許你能用另外一種角度來看待這些想法，說不定如此你就能免於受困其中——不會受到這些想法的支配和誤導，因而掉進嫉妒的兔子洞裡，陷入難以自拔的困境。

現在就讓我們來重新衡量你對嫉妒想法做出的評斷，並進一步對照不同的看法。在此之前，你把純粹浮現在腦海的嫉妒想法，視為不可等閒視之的重要事件；但如果想法就**單純只是想法**呢？

1.「這個想法很重要」

未必。也許某一想法純粹是大腦的隨機發射（random firing），也或者是出於你長久以來的思考習慣。僅僅是冒出某一想法，並不代表這個想法很重要。說到底，它只不過是一個念頭。

2.「我得要關注這類的想法」

僅因為某一想法浮現腦海，並不代表你就得對它投以大量關注。你可以純粹覺察它的存在，然後任由它消逝，而不必老是惦念著它。這就好比每天有數千個你並不會花心思去細想的念頭閃過你的腦海。放下某些念頭想法，或許有助於你回到生活的正軌。

3.「這個想法會如此鮮明——就代表事有蹊蹺」

這些嫉妒想法在你的腦海裡浮現過無數次，而其中也不乏有許多是杯弓蛇影。想法就只是想法，並不是氣壓計、溫度計——想法不一定與實際情況有關連。

4.「我會冒出這樣的想法，就表示我的另一半不可信賴」

你的另一半是否真的出軌，並不是以你冒出了某個想法為判定依據，而是基於對方的特定行為而論。你大可以進一步去查驗證據，但無論如何，單純根據某一想法就斷定自己不可相信某人是乖謬無理的。試想在法庭上，僅僅是浮現不信任的想法，就足以成為呈堂證供，甚或足以證明任何罪狀嗎？

5.「這個想法能讓我預料之後會發生什麼事」

不妨捫心自問，有多少次你懷抱猜疑或嫉妒的想法，但結果顯示只是你多心了？對現實做出的預測並不是單純以某一想法為依據，而是根據對預想內容的充分檢驗。你能想到任何真實情況非如你所預料的過往經驗嗎？

6.「這個想法能使我先做好心理準備」

即使你的另一半真的會做出對不起你的事情，反覆料想背叛的到來，也不能帶給你任何幫助。你的心情無論如何都會受到影響。然而，心思持續膠著在嫉妒的想法，卻只會讓你陷入痛苦不堪的情緒，飽受氣憤、悲傷和焦慮不安折磨。說穿了，如果你真的遭受背叛，不管事先有沒有這些想法，屆時你都會難過沮喪。

7.「我有責任去查明事情真相」

倘若有充分的證據顯示悲劇正在上演——沒錯，你是該去查個明白。但僅僅是在腦海裡浮現某一悲觀想法，並不代表你就得進一步成為偵探。再說，這只會增加你的痛苦感受，並導致這段關係裡更多的衝突。

針對嫉妒想法抱持的兩種截然不同的觀點，以下表格提供清晰對照：

嫉妒的問題化思維：「我的另一半可能會出軌」	**嫉妒的解套思維：「我的另一半可能會出軌」**
「我得要重視這個想法」	「我可以接納這個想法，並且不讓它影響我的生活」
「這個想法對我非常重要」	「這是腦海裡傳來的雜音」
「我必須馬上有所作為」	「我不必採取行動」
「我得要找出答案」	「這個想法就像是推銷電話；我可以不予理會」
「我會這樣想必然是事出有因」	「這只不過是一個想法罷了」

「我會冒出這樣的想法，就表示事情不單純」	「我可以為各種想法騰出空間，允許它們在我的腦海裡存在和經過」

我得要和嫉妒想法打交道嗎？

每天有成千上萬的想法和畫面浮現在我們的腦海，而絕大部分都是如風掠過、轉瞬即逝的畫面和念頭，我們幾乎不會再覺察到它們的存在。然而，面對嫉妒的想法——「我的另一半可能會對我們的感情麻木，轉而跟那個女人在一起」或「我在想她是不是覺得前男友比我性感？」我們的思考往往就此卡住，也進而投注許多時間心力反覆琢磨、糾結在這些想法上，甚至覺得自己被困陷在這些想法裡動彈不得。

> 丹尼爾覺得自己的腦袋被嫉妒佔據了。他難以擺脫這些嫉妒的想法，其困窘情況就好像是在長達數小時的飛行旅途上，隔壁乘客對他扯開了話匣子，而他就是無法站起身來離開。

面對這種投入大量時間專注且糾結在某些想法，因而憂慮不已的情形，你究竟該如何應對呢？

有效想法 vs. 徒勞想法

我把憂慮區分成「具有成效」與「白費力氣」兩種性質。所謂具有成效的憂慮，是我當天就能據此採取行動的事情，而這件事也就列在我的待辦清單內。更白話地說，假如我可以在今天做一些為解決問題帶來實質幫助的事情，這一憂慮就具有成效。例如，我突然想到「這趟旅程我是不是還沒訂好機票？」針對心中疑問，我可以在五分鐘內完成確認，進而獲得解答。如果我尚未預訂，我當下就能著手處理，或是列為今日的待辦事項。這種憂慮之所以具有成效，是因為對於解決問題，**我可以有所作為**。

相反地，白費力氣的憂慮就像是「唉，我在發表演講的時候，聽眾會覺得很無聊嗎？」對此，我並沒有辦法在當天採取太多的解決作為。換言之，不管我做了多少事前準備，我也無法保證聽眾會認為我的演講趣味盎然。所以說，這樣的猜想是白費力氣的。

反觀你的嫉妒想法，是屬於具有成效，還是白費力氣的呢？如果你懷疑你的另一半可能會在辦公室和同事眉來眼去，那麼，你能在今天採取任何實質作為來解除這一疑慮嗎？如果不行，這就是徒勞的擔憂。

徒勞的嫉妒憂慮有什麼問題呢？很簡單，不妨反問自己，當你對另一半懷抱無止盡的擔憂時，你是否感到焦慮、悲傷、憤怒和無助？而這就是投入大量時間沉溺在這種徒勞想法的代價，結果只會讓你痛苦不堪。因為老是惦念著這些想法，並無法讓你產生解除擔憂的有效行動，而僅僅是把時間浪費在只會讓自己折磨難受的事情上。有此認知之後，你該怎麼做呢？你可以從接納這些想法做起。但是要如何辦到呢？

接納你的嫉妒想法

你或許注意到了，當你懷抱嫉妒思緒的時候，你會不斷地去求取證據、提出質問、尋找線索。嫉妒想法彷彿是不速之客，大剌剌闖入你的腦袋後，開始對你頤指氣使：「給我去查清楚！」「到底是怎麼一回事？」「他在和誰講電話？」「她還覺得我魅力依舊嗎？」你不會只是接納這一想法的存在，然後順其自然。相反地，你會投入其中，聽從想法的指令，試圖爬梳想法背後隱藏的現實。

解決如此問題的方法之一，就是把你的嫉妒想法看作是一位訪客。想像自己置身在節日的晚餐情景，而你發現，每到逢年過節的時刻，總是會出現一些古怪親戚——也許這位阿姨的政治觀點在你聽來有點偏激，或是那位叔叔沒完沒了地講述他的海岸之旅。你厭倦到在心裡翻了無數個白眼，但你知道，和對方爭辯或討論只是白費口舌。然而，歷經了數次過節經驗，如今你學會在腦袋裡騰出一個空間，心想：「唔，杰伊叔叔又要開始說他那一套了。我想我就只要把屁股放在這裡，聽他嘮叨完就好。」這就是我的建議做法；亦即，讓自己成為一位**旁觀者**，對於他的滔滔不絕純粹觀看，並暫且接納。他的嘻笑怒罵與你無關，他講了些什麼內容也不重要。說到底，就只是言詞字句罷了。

所以說，就把嫉妒的想法視為那些突然現身、喋喋不休，但究竟在聒噪些什麼並不重要的訪客吧！暫時接納這些想法，任由它們表達意見，並意識到這些想法其實無害，是以就讓它們在你的腦中活動跳躍，而你只要置身事外、觀察，允許它們的存在。

肯恩在派對上，看見女友此刻正與一位似乎對她懷有好感的年輕帥哥交談。他覺察到自己的腦袋裡冒出了一些嫉妒念頭：「說不定她覺得那個男人很誘人。」「我覺得那傢伙在和她打情罵俏。」儘管如此，對於這些猜想，肯恩決定不隨之起舞，並選擇接納它們的存在——他瞭解到，看見自己的漂亮女友與別人互動，難免會湧現這些嫉妒念頭。因此，他並沒有走向前去打斷她與對方的談話，而是告訴自己：「嗯，我的腦袋裡此刻有一些嫉妒思緒……」從而理解與接納自己的嫉妒心。他轉而去找朋友聊天，並允許嫉妒想法在腦中潛行遊走、表達意見，而他決不會攪和其中。過了一會兒，他感到自己沒那麼焦慮不安了。

如果嫉妒的想法就只不過是一個念頭呢？

我在稍早的章節提過，嫉妒彷彿有自己的主見一般，**不受控制**。而嫉妒的隱含結構則包括了我們對於他人和自我的核心信念、關於他人應該要在關係裡如何對待與看待我們的既存標準，以及各種偏誤思考，例如讀心術、個人化、負面預測未來等——這些思維都足以讓人步入怨憤、焦慮和絕望的黑暗之路。然而，某一想法浮現腦海，並不代表我們就得受其操控；畢竟，想法就只不過是想法，不是嗎？那麼，想法的內容是實際存在的嗎？——我們的頭腦確實湧現出某一念頭，但它未必能反映頭腦外的現實。以下是三種辨識想法本質的有用方法：

想法的內容是實際存在的嗎？

請閉上雙眼，試著在腦海中想像一張狗的臉孔——任何品種都可以，不管是黃金獵犬或貴賓狗，只要是狗的面孔即可。在腦海裡清晰呈現這張狗臉畫面，仔細觀察，並讓畫面停留在腦海兩分鐘。

然後睜開眼。在凝視想像畫面的過程裡，你有何感受呢？這張狗臉龐是否讓你回想起什麼？你的內心是否產生任何一絲情緒感受？腦海畫面裡的這隻狗，經常在你身邊打轉嗎？還是牠是你從前的好夥伴？在這一想像練習裡，我的腦中浮現愛犬珍妮的畫面。珍妮是一隻人見人愛，忠心陪伴我的寵物狗，而我油然升起一股悲傷，因為牠在三年前過世了。雖然想起珍妮，一切感受是如此真實，但即便如此，當我睜開雙眼，珍妮並不在這個世界上。

僅僅是在腦海浮現某一想法或畫面就能讓人感覺真實，進而帶給我們焦慮、難過、快樂或安心的感受。然而，這未必能代表想法的內容就真實存在，並且發生於頭腦外的現實世界。當我們浮現嫉妒想法時，也是同樣的道理。某一念頭突然閃現腦海：「或許他在和某人搞曖昧！」而我們往往會進一步將它看作是重要訊息，甚或解讀為某事正悄然發生或即將發生。如此，想法和現實彷彿合而為一：我冒出了這個想法，所以現實必然隨之存在；而這也就是所謂的**思考行動混淆**（thought-action fusion）。

當然了，想法與現實並不全然相同。當我睜開眼睛時，我的愛犬珍妮並沒有真實坐在我的眼前。所以你說，想法究竟為何物？

想法就像是推銷電話

你是否和我一樣「幸運」，時不時就接到市場調查或推銷產品的電話？你並不認識電話那頭的人；你只知道對方掛名某間你從未聽聞的公司，以及這是一通推銷電話。雖然我覺得這些來電很是擾人，但推銷電話顯然會繼續存在。

當你接到推銷電話時，你會如何應對呢？你會認為自己應該要配合對方，與對方對答交談嗎？如果你待人親善，你可能會這麼做；但有時候，你或許剛好沒空，或是根本沒有興趣。所以我通常會說：「請麻煩把我的姓名資料從你的撥打名單上刪除，謝謝。」然後掛斷。

不妨把闖入腦海的嫉妒想法，看作是推銷電話吧！你可以想：「噢，這是一通打來推銷嫉妒的電話啊！就任由它作響，我不必去接聽，我還有其他更重要的事情要做。對方最後會因為無人接聽而掛斷電話。」僅因為頭腦裡彷彿有鈴聲響起，並不代表你就得接應通話。就任由它鳴響吧！

想法就像是車站裡的列車

另一種有助於看清想法本質的方式，是將想法視為車站裡穿梭來去的列車。此刻，你正在等待一班開往和平小鎮的火車，而在預定時刻裡出現的其他列車將駛往不同的目的地，例如焦慮村、不信任市、憤怒城……。沒錯，它們的外觀看起來就像是開往和平小鎮的列車，但事實上卻是前往其他地方。倘若你不小心上錯車，到時你就會迷失在異地，並在試圖返回的路程裡歷經折騰。所以請仔細辨認！因為跳入嫉妒想法，就如同是坐錯火車——試著觀察、注視它的來去，別貿然上車。

我覺得觀看火車車廂從眼前經過很有意思。我喜歡想像這些列車會開往何處？列車員心中的這趟旅程是什麼樣貌？當列車駛經鄉間郊野時，乘客們的腦海會浮現怎樣的畫面？也或許，你的嫉妒念頭就像是從你眼前經過的列車，不管它開往何處，你決定不搭上這班車；隨著汽笛鳴響，它漸漸駛離你的視線，消失在地平線上，繼續漫長的旅程。

留一段時間給嫉妒

對於嫉妒念頭，你可能百感交集。你一方面相信，這些想法能帶給你幫助——你可以透過它們發出的警告進一步去探查實情，免於自己屆時受到傷害。然而另一方面，你或許也認為這些想法太過失控，讓你根本沒辦法專心做任何事，因此必須把它們徹底驅散。因此，對於腦海裡的嫉妒想法，你同時懷抱正反並存的態度：「我需要嫉妒想法的保護，我也必須擺脫它們。」為了甩掉嫉妒想法，你也許拎著腦袋喝斥：「不准再這樣想了！」然而，這些想法接著卻會反彈回來，有時甚至帶回更強勁猛烈的作用力。如此的情況讓你擔憂不已，你心想：「如果我無法徹底抑制這些想法，那我也無力對付它們。這不就意味著，嫉妒將佔據我的腦袋！」

處理嫉妒的方法之一為「設置嫉妒時間」。你可以安排在每天的特定時刻與自己的嫉妒心相處，而這段時間是你將列入行事曆的預定行程。為什麼要這麼做呢？因為與其投入大量時間心力（不分早晨、下午、傍晚，乃至三更半夜）沉溺在嫉妒想法裡，你可以選擇每天保留二十分鐘給嫉妒。比方說，每天的下午三點開始，就是處理這些嫉妒想法的專用時間。假如嫉妒念頭在其他時刻迸現，你可以先將它們記在一張紙上，或是存入手機，並承諾自己：「我們等到下午三點再說吧！」許多人會懷疑自己無法延遲思考這些嫉妒想法，他們說：「我沒辦法控制自己不去想啊！」但就大部分的情況而言，我們具有擱置延後思考的能力。為嫉妒保留一段時間，會有什麼不同呢？

- 你會發現自己不須馬上服從嫉妒想法，亦即你不必在當下做出回應，也就能讓你獲得暫時的解脫。
- 隨著「嫉妒時間」一天天經過，你或許會意識到自己總是反覆掉入同一想法。所以說，以後就沒有必要在同一處跳針——若你已思考過它，這樣就行了；別再原地打轉，往前走吧！
- 你也許會發現，當「嫉妒時間」終於到來時，原本讓你在意不已的某一念頭，已經變得沒那麼強烈了。這是很值得留意的變化，因為隨著某一念頭的作用力自行消褪，你也能漸漸明白自己其實不需要賦予這些想法太多的重要性。想法和情緒都會**隨著時間而轉變**——且往往是在很短的時間內。

在這段「嫉妒時間」裡，你能做些什麼呢？以下將介紹一簡易方法，幫助你克服那些反覆侵擾你的嫉妒想法。雖然這一方法可隨時運用，但在預設的「嫉妒時間」內使用會更為有效。

漸漸厭煩某一想法

你是否注意到，那些曾讓你感到心煩意亂的事情，你總有一天會不以為意？也許是你的情緒漸漸降溫，也或者是你早已忘卻，比方說某位前老闆對你講了很難聽的重話，或是某人竟然沒邀你去某場飯局。這些鳥事曾一度讓你心情糟透——你滿腔怒火，奮力宣泄，甚至感覺世界末日就在眼前。但如今，這些事件的「爆點」在你心中已是老調重彈，於此，你處於**良性忽視**（benign indifference）的心境——簡單說，你根本不放在心上了。

假想我讓你重複觀看某部熱門電影五百遍。在放映第二或第三遍時，你或許還能享受其中，甚或仍能從中發現新鮮事。但不久後，你開始分心，感到厭膩，甚至一想到等會兒還要再重看就渾身難受。你難保自己能否耐住性子再看一遍，因為你簡直悶到快要憋不住了！你搞不好開始呼呼大睡。劇中人物的台詞對話變得空洞無義；眼前這部電影再無一處能攫住你的目光，就連手中的爆米花吃起來都味如嚼蠟。

此種我稱作「厭煩術」（boredom technique）的技巧，我已行之有年。做法很簡單：

1. 任意舉出一個你存有的嫉妒念頭。假設這一念頭為「我老婆最後可能會出軌」。
2. 將這一念頭在持續約十五分鐘內，慢慢複述五百遍。在複述前二十五遍時，焦慮不安的感受也許會變得更加強烈，但請堅持下去。
3. 不要分心，全神貫注在這些字句上。
4. 以非常、非常緩慢的速度，幾乎就像是吃了安眠藥的殭屍，一字一句慢慢複述「我老婆最後可能會出軌」。
5. 試著聚焦在每一字詞，例如「我老婆（我先生）」或「出軌」。你甚至可以拖長語調，好讓每一個字都能被清楚說出。
6. 你也可以改成在心中默念。
7. 如果你也像我大多數的個案一樣，你會發現這一念頭最終會變得枯燥乏味。你沒辦法再專注它，而這就是我所謂的**厭煩突破口**（boredom breakthrough）。

這是根據心理學上稱作**習慣化**（habituation）的基本原理而來的簡易技巧。「習慣化」簡單來說，是指反覆接觸某一刺激（例如某一念頭），因而使你對這一刺激的反應程度減弱。由於這種做法是讓自己大量暴露在引發恐懼的刺激當中，因此也稱作**洪水法**（flooding）。倘若你有乘坐電梯恐懼症，我會想邀請你和我一起搭乘電梯二十五趟。一開始時，你可能會非常害怕，甚至嚇到腿軟。但經過十趟搭乘，恐懼感會逐漸消散；而到了第二十次以後，你說不定就開始厭煩不耐。即便你在這一過程裡仍感受到強烈懼怕，但在未來，你對乘坐電梯的恐懼將減弱不少。因此，只要願意去正視恐懼──願意去嘗試經歷你所害怕的事物──就能減少往後對此的恐懼。

這種方式應用在嫉妒想法為何管用呢？每當你浮現嫉妒想法時，你總覺得自己得要採取行動，例如，試圖調查背後暗藏的玄機，並在獲得百分之百確定之前始終忐忑不安，或是去尋求對方的安心保證。但如今你具備了「厭煩術」這一工具，你就能有意識地去練習擁抱那些令你感到恐懼的念頭，而不是想盡辦法採取行動。你不會茫然向外抓取訊息來打消想法，也不會試圖掌控一切，而是欣然接受想法的到來，然後練習一遍又一遍地複述它，直到你感到厭倦為止。

肯恩每天都會實行「厭煩術」，早晚各一次，每次十五分鐘。每當他在複述嫉妒念頭的前幾分鐘，他能感覺到內心的不安變得更為強烈，但過了一會兒，焦慮的程度就減少了。他在連續兩個月實踐本書介紹的諸多技巧後，我問他，哪一種對他最有幫助？他回答：「到目前為止，我覺得是『厭煩術』。這對我來說，是可以辦到的，而且我知道藉由這種方式，我無須害怕嫉妒念頭，也知道這些念頭不會再緊緊糾纏著我。而要實現這樣的效果，除了複述一些字詞之外，實際上我不必做任何事。」

把念頭當成腦袋裡的背景雜音

每個人都具有自動忽略外在雜音的能力，因為，假如每一樣瑣碎事物都會引起我們的注意，那我們將無法正常生活。想像你與伴侶一起在餐廳吃飯時，如果你的注意力同時被充斥在餐廳裡的每一絲聲響吸引——服務生乒乒乓乓收拾碗盤的聲音、客人行走踩踏出的腳步聲、餐廳播放的背景音樂、坐在附近的二十位客人此起彼落混雜的交談聲、餐具擺放到桌上的碰撞聲，以及你咀嚼食物的聲音……，那你大概會覺得自己要精神崩潰了。因此，腦袋裡的**閘門系統**（**gating system**）可以過濾掉不相關的雜音，讓我們的注意力不受干擾、集中在我們想要專注的事情上。

某些人為注意力無法集中所惱，因為他們的注意力時常被外來的聲響、景象和氣味攫走。同樣地，你會受到嫉妒想法的干擾，是由於你認定這些想法很重要，是以有必要予以關注，並時刻留意它們發出的危險警示，若你視而不見，將使你最終陷入在不知所措、被背叛的毀滅境地。然而，在一天二十四小時的大部分時間裡，你其實並未緊抓住這些想法，尤其是當你睡著的時候——你卸下了防備，暫時鬆開嫉妒糾結，心思不再圍繞著嫉妒打轉；而在這段時間裡，你的世界並沒有崩解，依然完好如初，不是嗎？

下次當你湧現嫉妒念頭時，你可以告訴自己：「那是頭腦裡的背景雜音，我並不需要仔細聆聽。」就讓它順其自然吧！不妨嘗試以下做法來更透徹領會，何謂背景雜音：

1. 暫時放下書本，閉上雙眼。
2. 側耳傾聽環繞在你四周的聲響。
3. 你察覺到什麼聲音呢？或許你聽見冷氣或電風扇的運轉聲、自己的呼吸聲、街上絡繹不絕的車流聲，或隔壁房間的腳步聲。
4. 試著察覺出你剛才沒有注意到的聲音。這些聲音始終存在——但你把它們當作背景雜音。
5. 你包容了這些聲音的存在，且任由它們自然隱現。你並沒有讓自己困陷其中。無論這些聲音是低聲耳語，或是五條街道以外的警車鳴笛聲，它們經過、消逝，幾乎讓人難以察覺。

何不把你的嫉妒念頭當作背景雜音呢？對你來說，它們只不過是另一種聲音、另一道吹拂而過的微風、另一個轉瞬即逝的剎那、另一段不起眼的時光、另一片過眼雲煙的風景……。你並不會想盡辦法去擺脫嫉妒想法，或是試圖掐滅當下浮現的嫉妒念頭，而僅僅是把它們安放在背景之中。

你可以將嫉妒念頭置於背景，而把關注前景聚焦在正向的目標。專注於正向目標很重要，因此，不妨每天都為自己訂立一套正向目標，比方說運動、攝取有益健康的食物、給予伴侶鼓勵和支持、陪伴孩子玩耍、準時完成工作任務……等。正向的目標不僅能體現出你的自我價值觀，也能讓你的真實生活漸漸貼近你想要的模樣。

為嫉妒念頭騰出空間

嫉妒念頭始終折磨著你，因而也讓你覺得自己永遠都逃不出嫉妒的魔掌。它們大搖大擺地闖進你的腦中，操控你的意識，且似乎成為你用來觀看日常生活的鏡片。你屢次告誡自己不准再冒出這些念頭，或是叮囑自己勢必要克服嫉妒侵擾，但似乎沒有任何效果，那些讓你痛苦不堪的念頭依然故我。你甚至曾詢問你信賴且看重的朋友：「我該怎麼做，才能擺脫這些嫉妒想法呢？」對方嘗試著安慰你，並且回答道：「你就努力告訴自己不要再這樣想了嘛。」但這反而讓你更加沮喪和焦慮，因為你早已試過不下數百遍了，只是，效果似乎僅能維持幾分鐘。

那就讓我們來試試不同的方法吧！一起來為你的嫉妒念頭騰出空間！假想你的大腦是一間巨大的房間（這間房間也會根據你的關注焦點以及表現行為，一天一天變得更加寬闊或是愈來愈狹小）。想像你的嫉妒念頭就散落在這個大房間裡，而你要為它們在此騰出一處安放的空間。

想像你把嫉妒念頭裝進一只玻璃罐中，然後將它擺放到架子上。你偶爾會將罐子從架上取下、搖晃轉動它、注視它，甚或是打開瓶蓋、嚐一口嫉妒、花幾分鐘回想它的滋味，接著就將它擺放回架子上。那只罐子始終放在那裡，而你就是罐子的主人。然而，房間裡另有許多其他的東西，房間外還有新奇的花花世界。嫉妒的玻璃罐，就只是暫時存放在那處的一件物品、一樣東西。

就如同那些你存放在廚房的櫃子裡，一擺就是好幾年的瓶瓶罐罐，每一樣物品都有保存期限。雖然你並不曉得你存放的嫉妒念頭何時到期，但我可以告訴你，到了某一時刻，**你根本就不在乎了**。在某天的某一刻，你會心想：「我覺得我可以把這東西扔了。」也或者，到了某個時間點，它或許就自行消失了。

角色互換：要是你的伴侶因你而嫉妒……

另一有效做法是假想你的另一半因為你而醋勁大發；這種**角色互換技巧**能幫助你想像——如果你的另一半總是以猜忌眼光來看待你的一舉一動，你會有何感受？

雅各想到他的妻子可能和別的男人打情罵俏，就不禁妒火中燒。他很擔心妻子會漸漸愛上她的老闆，所以總是放大檢視妻子的行為舉動，只不過，大部分還是那些自己猜想妻子在工作環境裡與異性互動的姿態表現。在諮商過程裡，他試想妻子也可以用同樣的猜忌理由懷疑他，是以在角色互換的練習中，我假裝成是他的妻子，反過來指控他搭訕別人、用情不專，和別人的女人偷情。藉此雅各瞭解到，任何人都可能因為懷疑而為別人定罪。關於自己的嫉妒心，他不禁啞然失笑。

若你問心無愧，但你的伴侶卻因為對你懷疑、吃醋，就一口咬定你對感情不忠——藉由如此的角色互換思考，你更能瞭解到，每個人都可能淪為嫉妒的「箭靶」；每個人都可能被懷疑，但在懷疑別人的同時，我們卻無法確知實際情況為何。

請記住，只是因為腦海浮現嫉妒想法，甚或只是感到憤怒和焦慮，並不表示實際上發生了什麼事情。我們可以察覺想法的存在，然後退後一步觀察，將它們當成腦袋裡的背景雜音，意識到它們就像是街道上的嘈雜聲，時隱時現、來來去去，接著轉而將注意力投注在能讓生活前進的作為上。人們時常會將自己陷入死胡同——認為有必要去回應和聽從那些浮現腦海的想法，認為自己此刻會冒出這些想法絕非偶然。然而，成千上萬的想法和畫面每天轟炸著我們的腦袋，是以我們必須認清在此之中哪些能讓生活變得更美好——掉入負面想法的漩渦顯然不是答案。有時答案或許就是，單純不回應負面想法的種種憂慮提問。

第八章
與嫉妒對話

對於每一個想法，背後都另存有不同的思考方式。如同我在本書的第一篇裡提到的，認知行為治療（cognitive-behavioral therapy）的關鍵要素在於，藉由探看自我的思考習慣、檢驗思考脈絡，從而瞭解我們是否帶有認知偏見或是既定的思考傾向，接著再進一步試想出不同的看事情角度。然而面對嫉妒，我們很可能抱持著**矛盾的動機**（mixed motives），也就是說，一方面想要削減嫉妒感受，但另方面，卻又不願改變看事情的角度。

在第四章中，我們探討過認知上的各種偏誤（biases）會如何增強嫉妒，而所謂的認知偏誤，也就是你會習慣採取可以証實心中猜疑或嫉妒想法的方式來思考。是以在這一章中，我們將介紹許多有效技巧，幫助你以更切實的角度來看待事情。此外要特別說明的是，使用「偏誤」一詞，並非暗指你的認知或看法必然有誤；事實也可能如你所想——也許你的伴侶真的在說謊或是確實心懷出軌意圖。但在此，我們就先暫且假設你並不知道實際情況，你只知道你的腦袋時不時就冒出嫉妒想法，而你為此感到心煩意亂，還有你的思考方式總是會讓你落入驟下錯誤結論的窠臼。

我們也將探討負面的自動思考（下意識浮現腦海的內容）以及各種認知上的偏誤，會如何讓你墜入被情緒綁架的漩渦。認知偏誤包括：

- 讀心術：「她對那個男人有特別的好感」
- 負面預測未來：「他一定會做出對不起我的事情」
- 個人化：「她打呵欠是因為她覺得我很無趣」
- 貼標籤：「他是一個滿口謊言的騙子」
- 忽視正向信息：「她對我的感情並不能代表什麼」

上述每一想法，都能藉由事實與邏輯來加以檢驗。除此之外，我們也將透析你所抱持的預設標準與成見臆斷，究竟是帶給你助益，還是讓你深受其害？關於這些標準與臆斷的想法陳述如下：

- 「會和別人打情罵俏的人永遠都不值得信任」
- 「我們應該始終保有美好性生活，不然我的另一半就會在外偷吃」
- 「若我無法確知當下發生什麼狀況，那就表示這段感情出現危機」

若類似上述的想法實際上會帶給你痛苦，那我們將探索其他的替代觀點，好讓你能解脫這些想法的束縛，更自在地生活。另外，我們也將深入瞭解你對自己及他人抱持的核心信念，比方說：

- 「我不討人喜歡」
- 「若少了另一半，我會孤單無助」
- 「我的條件很差」
- 「男人都不可信任」
- 「我一定是會被拋棄的那一方」
- 「別人會要求我十全十美」

針對諸如此類的核心信念，我們將運用一些簡單又有效的技巧，使其少些負面色彩、多些自我肯定與切實性。透過本章的內容學習，你將全副武裝，克服嫉妒心理！

向負面的自動化思考提問

我們不妨從自動化思考（automatic thoughts）切入。對於下意識冒出腦海的眾多想法，我們能藉由提出一連串的問題，從而發掘出不同的思考角度。換言之，你可以漸漸培養跳脫既定思維，以不同角度看事情的嶄新思考習慣。在此，就以某一情境裡自動迸現腦海的想法「我的女朋友在和別人調情」為例，並套用相關的思考技巧。

我們先假設這一想法內容仍有存疑的空間。雖然有時情況在你眼裡似乎是無庸置疑，但為了便於思考練習，是以假定我仍無法確知她實際上有沒有這麼做。「我的女朋友在和別人調情」此一想法屬於「讀心術」認知偏誤，因為背後隱含的概念是——我認定自己知道別人的頭腦裡在想些什麼，亦即，我相信自己「讀懂」、看穿了對方的意圖或渴望。以下是針對這一想法提出的一系列問題與參考作答。

這一想法會帶來哪些負面影響？

心想「她在和別人調情」勢必會讓我感到憤怒和焦慮，不僅為嫉妒情緒火上加油，更可能導致我表現出事後會懊悔不已的言行。

這一想法能帶來哪些幫助？

或許我能在事情變得一發不可收拾之前，即早發現問題，抑或是我可以察覺出某個實際存在的威脅，進而保護自己不受傷害。

在反思嫉妒想法造成的正負面影響時，並未影射這一想法是杯弓蛇影，我們的目的只是純粹檢視如此的思考角度可能會帶來哪些結果。對於自動浮現腦海的每一個想法，不妨問自己：「如果我儘量不要這樣想，我會有什麼不同的感受嗎？這段感情又會有怎樣的改變呢？」試想，若你能破除某一思考套路，那麼就長遠來說，能使你的內心感到更自在舒坦的思考方式會是什麼呢？

支持這一想法的證據為何？

她和別人講話的時候喜眉笑眼，因此，我把她說說笑笑的模樣，理解為調情的證據。

是否有任何她並非在調情的證據？

她待人友善、笑容可掬，喜歡與人交談——包括同性對象，以及那些我敢保證她絕不會想入非非的對象。

當你檢視證據時，不妨反問自己：這一證據是否可做出不同的解釋？比方說，會不會就單純只是她是一個性格友善的人？

對於同一情境，換作是其他人會如何理解？

若其他人見到她面帶微笑與人交談的畫面，或許不會旋即斷定她正在與此人調情。她的外在表現看在那些未牽涉個人情感的外人眼中，可能會有截然不同的解讀，他們也許會純粹認為她是一個極具親和力、彬彬有禮或笑容迷人的女孩。

假如她真的在和別人調情，那麼這件事對我來說，又意味著什麼？

我可能會因而冒出一連串的想法：「那表示她根本就不尊重我！」「那個男人有什麼好？」「她最後一定會背叛我。」檢視想法背後隱藏的含意是很重要的環節，因為它們很可能與你內心最根本的恐懼息息相關——例如，對於被背叛和拋棄的恐懼，或是害怕自己若失去對方，就無法獲得快樂。

換個角度思考自動化想法

接下來，就讓我們來探討可能會助長嫉妒心理的一些常見自動化負面想法，並嘗試找出不同的思考角度。請記住，檢驗想法的目的，是為了探看對於同一情境是否另存有不同的看待角度，而並非是要否定你的真實想法或感受。然而，假如這些想法實際上破綻百出，又或者總是讓你感到心煩意亂，那麼你不妨考慮換個角度看事情。

讀心術

舉例來說，讀心術會使你將另一半的想法、感覺或是意圖，全都解讀為「他（她）對別人有意思」。但事實上，我們通常不會知道別人在想些什麼——因為我們並不是他人肚裡的蛔蟲。你覺得你的另一半無時無刻都知道你在想什麼嗎？我可不這麼認為。如果你以讀心術來理解事情，那你的腦袋裡可能會源源不絕地冒出各種餵養嫉妒心理的合理或荒謬想法。試想，這會對你個人以及你的感情造成哪些負面影響呢？讀心術或許會帶給你更多的憤怒和焦慮情緒，也致使你放大檢視另一半與他人之間的互動，因而也增加了兩人爭吵的可能性。以下是針對讀心術的不同思考方式：

- 「一味地相信別人怎麼想（讀心術）」時常會讓我感到沮喪難受，所以如果我能提醒自己盡量不要這麼做，我的心情也許就會舒坦一些。
- 我並不知道我的另一半在想些什麼。
- 說不定他（她）此刻腦袋裡轉的根本不是我以為的那些事——而是和工作、新聞事件，或是和我有關的事情。
- 如果他（她）也以相同方式解讀我的所思所想，懷疑我對別人有意思，那我會做何感想呢？

負面預測未來

這是在未具有充分訊息的情況下，負面預想未來的思考傾向。比方說，你也許會料想另一半可能會對你不忠、會拋棄你，或是打算和別人搞曖昧。慣性的負面預測未來會使你憂心忡忡，難以活在當下，也致使你忽視現實生活裡的正向事物，更可能導致兩人之間的衝突增加。試想下列關於應對此種思考方式的提問：

- 這種思考方式的負面影響為何？你是否因此而感到焦慮、憤怒和嫉妒？
- 慣性的負面預測未來有哪些好處？
- 這些負面想法真的能帶給你安全感嗎？還是反而會使你更缺乏安全感？
- 你是否因此而頻頻質問另一半，並且試圖控制對方？
- 結果可能如你所料，也可能非你所想。但無論如何，總是悲觀預測未來是否為你的日常生活平添壓力？
- 過往是否曾出現結果非你所想的情況？
- 你的另一半真的會依照你所想的劇本行動的證據為何？
- 他（她）也許不會這麼做的原因有哪些？

個人化

你會將事情的發生歸咎於你個人的問題，也就是說，你會認為對方的行為是直接針對你，或是與你脫不了關係。舉例來說，你的另一半今晚似乎對你意興闌珊，於是你斷定他（她）不再喜歡你，甚至是移情別戀。人們很容易將各種大大小小的負面情境歸責於自己，我甚至發現某些人在電梯速度變慢或是卡在車陣中的時候，會對眼前狀況自責不已。在感情裡總是把對方的行為表現歸因於自己，後果就是你會時不時就感覺到威脅。所以不妨換個角度思考吧！比方說，假如你的另一半對你似乎有點冷淡，而就他（她）之所以冷淡的原因，你不排除可能是因為身體疲累、煩惱工作面臨的挑戰或問題、有心事，或是對兩人之前的爭吵還未氣消。對於個人化的思考傾向，以下再列舉其他的回應方式：

- 一味地將事情的起因歸咎於己，無一益處。
- 這種思考方式只會帶來焦慮、憤怒和嫉妒。
- 另一半做出的所有行為，其背後原因未必都與你有關連。
- 同樣地，你表現出的所有行為，也未必全然是因另一半而起。
- 也許他（她）的心裡惦掛著別的事情。
- 他（她）對別人展現的親切友好或許就是那麼單純，別無他意。
- 他（她）之所以會和你交往，是因為對你懷有正面的情感，否則，你們不會在一起。

忽視正向信息

對於生活中發生的具有正面意義的事情，有時我們會選擇忽視或不以為意，反而將目光聚焦在不愉快的一面。比方說，你對另一半與某位帥哥或美女交談耿耿於懷，因而忽視了另一半整晚對你的愛意表現。漠視感情裡的正面信息，也等同於漠視了將兩人緊密牽繫在一起的情感紐帶。

你會在不知不覺中，不再給予另一半的積極作為肯定回饋——進而導致對方覺得自己的付出被當作是理所當然；除了感到洩氣，也可能因此認為做這些事情也沒什麼太大意義。另一方面，由於你的注意力始終落在那些片面感知到的負面事物上，因此也使你的心情更加沮喪。

改變這種思考方式的做法是，試著將關注焦點從負面重新轉移聚焦到正面。當你感受到對方的正面表現時，不妨給予肯定回饋：「謝謝你陪我討論工作上的事情」或是「謝謝你幫忙做家事」。請嘗試在連續兩周內，仔細察覺另一半表現出的正面作為。這些作為可以是很簡單的日常小事，例如，陪你聊心事、稱讚你、幫忙你處理事情、一起共度時光……等。每天都將另一半的正面表現記錄下來，如此有助於你意識到這段關係裡存有的積極面，進而解放你的片面視角。

你也許會反駁：「我幹嘛非得要關注這些正面作為？這是身為伴侶本來就該做的事，不是嗎？」嗯，你也許抱持這樣的預期心態，但即便如此，察覺這些正面表現的存在，會帶給你莫大的幫助——因為那是感情不可或缺的一部分。我經常從感情出現問題的伴侶口中聽見的抱怨是：雙方都認為自己沒有得到對方的肯定，彼此都覺得自己的付出不被當一回事。

你是否有時會覺得自己的付出被視為理所當然？如果你的另一半開始注意到你的正面表現，並且每天都稱讚你，給予你肯定回饋，你會有什麼感受呢？不妨以兩周的時間嘗試體驗看看吧！試著察覺出另一半的善意表現，觀察你的心情是否會因此而變好。當你開始意識到他人的正面行為，並藉由肯定回饋予以增強時，那些行為的出現頻率也往往會隨之增加。針對忽視正向信息的認知傾向，以下提出幾項反思：

- 在感情中，忽視正向信息會造成哪些負面影響？如果你以理所當然的態度對待另一半，對方可能會感到不受肯定或重視。
- 始終關注負面信息會使兩人的關係更加牢固嗎？並不會。
- 請列出另一半過往曾對你表現出的正面作為。
- 每天記錄並回顧另一半的正面行為。

貼標籤

你會以概括性的描述來形容你的另一半或是某種類型的人，因而屏除了性格的多樣性，以及人與人之間的差異性。比方說，你可能會將另一半貼上「神經質」、「控制狂」、「悲哀的人」或「騙子」的標籤，彷彿這一籠統的表述就能完整評價你的另一半是一個怎麼樣的人。然而，貼標籤的問題在於，放大檢視並關注某些負面行為，最終會使你忽視其他的正面表現。

不妨捫心自問，若你被人貼上某種標籤，你會有何感受呢？那就像是你整個人被否定、限縮、簡化成這只標籤，而且完全沒有改變的餘地。同樣的道理，若你以某種負面標籤評價另一半，他（她）很可能會因此對你產生防衛心，甚而造成兩人爭吵不斷。

取代貼標籤的做法是將你的觀察，描述成你想要有所改變的單一行為，然後再說明你希望的改變會是什麼樣貌。例如，你或許可以對另一半說：「如果你能老實告訴我，在那場聚會上你和誰聊天，我的心裡就會舒坦一些。」而不是擅自為對方貼上「騙子」的標籤。為了避免在感情裡貼標籤，你不妨細想與這一負面標籤相悖的所有行為。比方說，如果你評斷另一半為「控制狂」，那你或許可以反思他（她）所有並非控制狂的行為。人是複雜的動物；人們的行為會隨著情境與對象的不同而有所變化。瞭解這種複雜性與多變性，能讓你以更適切的方法應對你的嫉妒心理。以下是對於貼標籤傾向的探問：

- 貼標籤會帶來哪些負面影響？它是否讓你感到氣憤、焦慮、嫉妒和絕望？
- 當你被人貼上某種標籤時，你會有何感受？
- 當你以負面標籤評價另一半時，你是否遺漏掉部分信息？
- 有哪些事實憑據能說明他（她）表現出的行為與這一負面標籤相悖？
- 在某一特定情況裡，是否存在可以說明另一半為何如此表現的原因？比方說，你的另一半巧遇舊情人，並且顯得非常開心的樣子。他（她）會不會就只是單純很高興見到一個自己曾經喜歡的人？
- 與其為對方貼標籤，你能找出一些可能導致他（她）表現出某種行為舉止的具體想法、經驗，或是情境因素嗎？

- 你能如何鼓勵另一半表現出能讓彼此都滿意的正面行為？

以理性回應自動化思考

以下是更多自動化思考偏誤的常見例子，以及可供參考的替代思考方式。不妨看看它們是否能帶給你幫助！

「她覺得我們的感情走不下去了……。她擺明了是愛上了她的老闆。」

讀心術：你假定自己知道另一半的心裡在想些什麼，但卻沒有充足的證據能證明對方的想法就是如你所想。

理性反應：「嗯，她也許沒有這樣想。她只是和我單純討論，我們可以怎樣更開心的生活，還說到了想要一起去渡假哩！她是真的愛我，所以我脫口而出的那些氣話，才會讓她那麼傷心。」

「他會因為第三者的出現，而把我甩了。我們的婚姻一定會以離婚收場。」

負面預測未來：你以悲觀的角度料想事情的發展，必然會走下坡，或是有危險橫亙在前方。

理性反應：「我沒有理由這樣猜想。我們之前也發生過爭吵，而且最後都和好如初。我們已經在一起好多年了，再說，當我們不爭吵的時候，彼此的相處都很開心。我知道，我們深愛著對方。」

「我們之間發生這些爭吵真是太難堪了。如果她背叛我，那麼這段關係更是惡夢一場！」

災變恐懼：你認為某些已經發生，或可能發生的事情局面，一概都會糟糕透頂到讓你無法承受。

理性反應：「雖然吵架很不愉快，但若我退後一步，以更全面的視角來看這段感情，我會發現當中也存在許多美好。所以說，我沒有必要以某次的激烈爭吵來定義我們的感情。」

「我們的感情千瘡百孔，因為他是一個不折不扣的大騙子！」

貼標籤：你以某些負面特質來評斷自己、他人以及關係的整體價值。

理性反應：「人性有好的一面，也有壞的一面，人與人之間的關係亦是如此。就好的一面來說，我們彼此尊重和相愛，歷經困難的時刻也相互扶持、一起走過。我們可以開心相處，未來也會繼續讓關係變得更好。」

「只因為她說她愛我，並不代表她就不會背叛我。」

忽視正向信息：在你看來，這段感情（或是你自己本身）擁有的積極面，與消極面相比，都顯得微不足道。

理性反應：「我們之間擁有許多美好事物。我們都覺得彼此很有趣，很聊得來，在一起相處很開心，而且我們還有很多共同的興趣愛好。」

「爭吵、沮喪、焦慮不安、憤怒……，我們的感情充滿了太多負面元素。唉，他八成會另尋新歡吧。」

悲觀濾鏡：你的目光幾乎完全聚焦在這段感情的「陰暗面」，而鮮少察覺到「光明面」。

理性反應：「雖然這段感情存在一些負面因素，但我也可以發現到許多好的一面。只看負面，會讓我感到萬念俱灰，而且也不切實際。我不妨開始記錄下這些美好之處。」

「我們又吵架了。我們之間永遠爭吵不休。」

以偏概全：你根據單一事件來感知負面的整體模式。

理性反應：「事實並非如此；我們可以一星期不吵架——有時甚至超過一星期。我們有必要改變爭吵時彼此的表達方式。過去我們總是能互相傾聽，接納彼此的不同觀點，然後試著一起解決問題。如果我們之間的爭吵存在固定模式，那就是兩人會一起想辦法解決問題。」

「我們之所以會爭吵不斷，是因為她老是和別的男人調情。」

兩極化思考：你會以「非黑即白」的認知視角來看待事件或他人——要不完美無瑕，要不一無可取。

理性反應：「認真說起來，我們的爭吵頻率大概是一星期一次或兩次，每此都吵得不可開交。但除此之外，大部分的時間我們都能開心相處。我必須去察覺好事與壞事之間存在的『灰色地帶』，而不是只以兩極化的角度來看待我們的感情。」

「我們之間不應該有那麼多的爭吵。我們應該要始終都對彼此充滿熱情與激情，因為如此我會更有安全感。」

應該與必須：你會以事情「應該要」如何發展來理解事件，而非純粹關注事件的意義為何。

理性反應：「嗯，完美固然美好，但事實上我們並不完美，所以回到現實，我們可以努力嘗試去緩解彼此之間的爭吵。同樣地，關係也並非無時無刻盡是天時地利人和，所以我想我可以理解，有時當我興致高昂，但另一半卻意興闌珊的時候。」

「假如她覺得別的男人很有趣，那就無疑是代表我很無趣。」

個人化：你將感情裡發生的狀況都歸咎於己，也彷彿另一半的所有言行舉止都反映出對你的看法。

理性反應：「每個人都有有趣與無趣的一面，是以我毋須要求自己當一個無時無刻都很有趣的人。即便她覺得和某人聊天很有趣，那也跟她是如何看待我毫無關連。」

「我會嫉妒都是他的錯。就是因為他和那個女人聊天，所以我才會醋勁大發！」

責備：你將自己的負面情緒一概歸咎於某人，而不願主動改變自我想法或心態。

理性反應：「我也必須對自己的情緒負責。每個人都能選擇自己要如何回應事件。對於他和別的女人聊天，我的反應態度取決於我。」

「我覺得很焦慮……，我的另一半一定做了什麼對不起我的事情。」

情緒推論：你任由情緒感受主導你對現實的解讀。

理性回應：「我的焦慮感受不代表他在外拈花惹草，而是代表今天對我來說，是不太順遂的一天。情緒會隨著時間沉澱，到了晚上，我的心情通常就會好轉一些了。」

檢驗預設標準裡潛藏的假設

至此，我們探討了那些下意識冒出腦海，使你產生不安全感，以及氣憤和嫉妒情緒的自動化想法。但另一方面，這些負面的自動化想法，很可能是源自於你的根本信念。如同我在第四章裡提到的，這些潛在假設（根本信念）也就是所謂的「預設標準」。你並不難辨識出這些預設標準，因為它們的陳述形式通常是「假如……，那麼……」。比方說，「假如另一半覺得別人很迷人，那麼這就代表他（她）並不是真的喜歡我，而且不值得信任。」試想，如果你未抱持這樣的預設標準，你或許就會單純地認為：「欣賞別人是很自然的事，因為他們本來就賞心悅目。這跟他（她）喜不喜歡我，甚至是會不會背叛我無關。」

預設標準幾乎是不假思索地自動迸現腦海，且往往包含了你認為事情**應該要如何**發展的信念。比方說，「我的另一半只能把注意力放在我一個人身上」或是「他（她）應該要毫無保留地告訴我所有的想法和感受。」就如同處理負面的自動化思考，對於我們存有的潛在假設，我們也能藉由提出許多類似的問題來加以檢驗。

探看預設標準的優缺點

以「假如我的另一半和別人戲謔、打情罵俏，那他（她）就不值得信任」為例。抱持這一預設標準的負面影響，可能是會引發嫉妒、憤怒情緒，甚至是對另一半或他人施加報復；好處則也許是能預防另一半和別人過從甚密——藉由責罵對方、試圖讓對方產生內疚感，甚或是以分手或離婚要脅。

你的預設標準切合實際嗎？

衡量預設標準的方法之一為，反思這些假設隱含的內容是否符合現實？換句話說：

- 認為「另一半絕對不會欣賞其他人」的想法切合實際嗎？
- 「除了你之外，另一半絕對不會與其他人親近互動」的想法切合實際嗎？

- 「你是另一半此生享受性愛的唯一對象」的想法切合實際嗎？

你或許認為，如果另一半的欣賞目光永遠都不會投注在別人身上，那你的生活也許就能免於提心吊膽，好過一些。然而，要在現實世界實現你的理想標準，難如登天。因此，你會發現自己反覆在真實生活裡飽嚐挫折。

將預設標準套用於自己

檢驗假設的另一方法是反問自己能否達成這套預設標準——你從來都不會覺得其他人很迷人嗎？你不曾從其他人身上感受過性愛愉悅？你從未以打情罵俏的口吻與其他人交談，或是和另一半以外的人親近互動嗎？假如你曾經與人戲謔調笑，那你就真的是一個不值得信任的人嗎？倘若你很難達成這套標準的假設內容，那你有必要去自省是否抱持了雙重標準。你有把握自己能通過這套標準的考驗嗎？

對於預設標準的不同感知

不妨將預設標準調整為更具**彈性**，或是更**切合實際**吧！想到「我的另一半在和別人打情罵俏」之所以會讓我大動肝火，是因為我由此斷定她並不尊重我。但等等，就讓我們以此想法為例，並加以檢驗。她與人打情罵俏的行為，必然意味著不尊重我嗎？還是別有其他的可能？她和別人戲謔交談的原因，可能是因為對方以這種口吻與她說話，因此她自然而然地，幾乎是出於本能地回應。換言之，她也許不是有意要不尊重我、傷害我。

她和別人打情罵俏的另一項原因，也可能是在我們交往之前，她本來就習慣如此與人互動。她也許散發嬌媚迷人的氣息——而這也是我一開始被她吸引的原因之一。除此之外，這也或許是她獲得他人肯定、提升自信心的習慣方式。為了扭轉「她不尊重我」的既定看法，我可以尋找其他能證明「她尊重我」的證據。也許她對我的在乎，就展現在始終把與我共度時光，看作是生活中的重要事情。

對於嫉妒的主觀想法，是如何反映自我的負面價值

有時我們會將另一半的行為解讀為自我的反射。就拿你的另一半可能會出軌這個令人蹙悚的念頭來說；在我的諮商過程裡，有許多個案不僅擔心另一半出軌，更在意被背叛**對於自己的意義關聯**為何。比方說，華特認為：「如果我的老婆出軌，那就證明了我是一個『遜咖』、是個情場敗將，我比別的男人差。而其他女人也可能會因此而看不上我，因為我是個被淘汰的失敗者。」

就讓我們以華特的想法「如果她出軌，那就等同於我很差勁」為例，並探究這樣的思考脈絡

是否符合邏輯。如果某人趁你不注意的時候偷走你的東西，那麼，這件事情的發生就證明你很爛、很沒用嗎？抑或是說明那個人是個小偷？同樣地，假如另一半背著你偷吃，這主要透露出的是你的另一半是一個怎麼樣的人，以及他（她）具有怎樣的性格，不是嗎？比起你的自我價值，出軌這件事本身是否更關乎對方？也就是說，假如你的另一半出軌或說謊，那麼這實際上與你沒有任何的意義關聯，而是代表你的另一半無法實現他（她）曾做出的承諾。不妨反問自己，你會如何看待某個被戴綠帽的男人？就大部分的情況而言，你會認為這個男人的妻子無法恪守對這段婚姻忠誠的承諾，你可能還會鄙視她的不忠行為。接下來，就讓我們一同來看看我與華特的對話：

鮑伯：為何你的妻子出軌會讓你覺得自己比不上別的男人呢？

華特：嗯……因為她出軌就表示我無法留住她的目光，也代表她覺得我不夠好。

鮑伯：假如她真的出軌，你認為是自己的哪一方面不夠好？

華特：或許對她來說，我不夠有吸引力。

鮑伯：但你們已經結婚十一年了，你也曾提過你們的性生活依然很美滿，她也會主動和你做愛。她如果覺得你沒有吸引力，照理說應該不會如此表現，對吧？

華特：嗯，是這樣說沒錯啦，她的確對我始終保有性愛熱情，我確實感受的到。可是假如她出軌，那就表示她對我不再感興趣了……不是嗎？

鮑伯：先讓我們來釐清目前的已知訊息吧！首先，我們未握有任何證據能證明你的妻子對你不忠，另一方面，我們也知道她仍會主動和你做愛，還有你們在一起十一年了。假如她真的背叛你，那麼，這是否主要顯露她是一個怎麼樣的人，以及她個人的原因，而非反映出你在某方面的失敗？

華特：我想她對自己不太有自信……從前約會的時候，我就有一點這種感覺。如果她出軌，那搞不好真的是和她的沒自信有關吧，我也不知道。話說回來，這或許也是她有時會和別人戲謔交談、打情罵俏的原因之一。

鮑伯：所以「如果華特的妻子出軌，那就代表華特是一個失敗的人」這樣的想法似乎沒有事實或是邏輯根據。說穿了，害怕對方欺騙、背叛自己，是幾乎每個人都會煩惱發生的根本恐懼。但我們在此特別討論的是，你認為這就代表「你比不上別的男人」的主觀想法。

華特：嗯，我知道這種看法似乎不合邏輯。不過，我也很擔心假如我們分手了，我會找不到其他對象。

鮑伯：我懂你為什麼會煩惱這件事，因為你看重擁有一段長久穩定的親密關係。嗯，我想問你一個問題：你最好的朋友會認為你有哪些很棒的特質？

華特：梅爾夫是我最好的朋友。我們中學時期就認識了，他幾乎就是我的換帖兄弟。我想，他會說我是一個很死忠的朋友、我很大方、細心、聰明，還有我很有幽默感、是一個相處起來很有趣的人。在他眼中，我是一個好爸爸、好丈夫。雖然他知道我有很多缺點，但整體說來，這傢伙挺喜歡我的。

鮑伯：還有其他人也對你持有非常正面的評價嗎？

華特：嗯，幾乎所有與我共事的人都很喜歡我，而且我也有一票認識很久的死黨。說起來我還蠻有人緣、蠻討人喜歡的。

鮑伯：這樣的性格聽起來不乏有一些女性會對你有興趣，不是嗎？

華特：可能吧。但我已婚這麼長一段時間了，我從來沒想過和別人在一起。

鮑伯：我們能否這樣理解，已婚很長一段時間，也意味著你具有維繫長久感情的能力？假如你單身了，這有沒有可能會是其他女性渴求另一半所擁有的特質？

華特：但我始終不是一個完美的丈夫。

鮑伯：能夠坦然承認「自己並非一個完美丈夫」也或許是你的一項優點。你會反省自己，而不狂妄自大。也許這對某些人來說，是很有吸引力的特點。你覺得呢？

你也能和華特一樣，試著去檢視自己的潛在恐懼。由於華特相信，妻子的背叛會反映出自己的某種價值，因此每當她與人打情罵俏時，華特就會顯得焦躁難安。因為對他來說，這是一個傳達出妻子也許會不忠的信號，而妻子的不忠，也就意味著他是個失去吸引力、再也找不到人愛的失敗者。

請記住，一想到可能發生的背叛，幾乎所有人都會感到惴惴不安。然而，「被背叛」對於每個人而言，都有其獨特的含義。請試著去爬梳這些背後隱含的意義，因為它們可能就是帶給你極度恐懼、懷疑和嫉妒感受的原因。請瀏覽以下關於背叛的可能含義，並反思自己是否受到這些想法的禁錮。假如我的伴侶背叛我，那就代表……

- 我是一個「遜咖」
- 我失去魅力
- 我是一個不及格的戀人
- 我會成為別人眼中的失敗者
- 我沒有能力維繫一段感情
- 我被淘汰了
- 我可能再也無法找到感情對象
- 我之後的每一段感情都會以破裂收場

- 少了他（她），我一個人沒辦法快樂
- 少了他（她），我一個人活不下去

核心恐懼有時是如此強烈與不可抗拒，以致於引發了我們當下難以抑制的嫉妒感受。請試想這種可能：你目前的感情關係，並非完全是你快樂或幸福的必要因素。我並不是說你與現任伴侶的感情毫無意義，或是你們總有一天會分手，而是純粹希望你設想，如果這段感情真的結束了，你能**走過傷痛**，甚或是從中**茁壯成長**的可能性。

「要是我被背叛了……？」

如果另一半背棄了你，你的生活會變成什麼模樣呢？從你的回答之中，也許能發現埋藏在嫉妒心理之下的根本恐懼。那些認為自己除了現有的感情之外別無出路的人，往往更容易產生嫉妒感受。換言之，如果你覺得目前的感情是能帶給你關係滿足感的唯一來源，那你就愈有可能害怕失去這段感情。相反地，如果你相信自己未來還能再遇見其他對象，那麼你在目前的感情裡就較不容易嫉妒；而當你對伴侶少了一些嫉妒與孤注一擲，你也許就能擁有更理想的關係。因此不妨告訴自己，除了這段感情之外，你也可以從生活的其他面向找到意義、成就感與快樂。

凱西擔心如果丈夫出軌，那她就會一輩子孤單悽楚。她和丈夫結婚八年，兩人育有一子。她害怕的是假如丈夫背棄她，那她將永遠失去快樂。以下是我與她的對話：

鮑伯：嘿記住，我們沒有任何證據能證明他對妳不忠。不過，是也有必要認清凡事都有可能發生。所以我們會就妳所害怕的事情，看看能否找出不同的思考角度。妳說假如妳和丈夫分手，妳很難想像自己能再重拾快樂。在認識他之前，妳喜歡從事哪些活動呢？

凱西：我樂於沉浸在我的工作，我的身邊有很多朋友，我也很喜歡去學校上課，喜歡運動、旅行、閱讀，總之就是過好我每一天的生活。

鮑伯：這樣聽來，妳在遇見他之前有很多喜歡做的事情呀。

凱西：嗯，確實。

鮑伯：好的。那在過去八年來，是否有一些事情是妳的丈夫並未參與其中，但妳一個人也樂於從事的呢？

凱西：事實上我剛才跟你講的那些事情，絕大多數都是在沒有他的陪伴下，我自己一個人完成。比方說，我喜歡和朋友聚聚，但我也理解他並不是那麼欣賞我的某些朋友，所以很多時候，我都是自己單獨赴約。我也有去上瑜珈課，這對我來說是很棒的體驗，因為可以讓我好好放鬆和舒展筋骨，而透過瑜珈我也結識了一些同好。除此之外，我很喜歡我的工作，而且我的工作表現還挺不賴的，同事們也都對我有一定的敬重。

鮑伯：嗯，所以在與他相識之前，生活裡有許多事情都能讓妳樂在其中，而當中有不少活動妳至今仍享受投入，即便妳的丈夫沒有陪伴在身旁。所以就算這段關係結束了，妳還是會持續投入做這些事情，妳覺得這樣說合理嗎？

凱西：我想是這樣沒錯。我的生活裡確實有很多能帶給我力量的美好事情。

鮑伯：假如你們真的分手了，我只是假設，並不是說你們最後會分手——妳是否會因此而獲得某些契機，或是可能會嘗試去做以前沒做過的事情？

凱西：嗯，應該會吧。首先，我想我可能會去和其他男人約會，雖然這對已婚八年的我來說，實在難以想像。然後我也可能會去實踐我一直以來的想望，重返校園，攻讀碩士學位。仔細想想，還有一些我很想去遊覽，但我老公卻不感興趣的地方，所以我應該也會到那些地方走走。對呀，到時我可以去做很多以前沒做過的事，認識不一樣的人。雖然我也不確定事情會如何發展，但我想，我會擁有一段等待我去盡情體驗的新生活。

鮑伯：認為分手就會讓自己掉入痛苦和毀滅的無止盡深淵，這樣的想法很正常。另外想問問，妳以前是否有過分手的經驗呢？

凱西：有的，我在大學時期曾告別過一段感情。然後在距離我與我老公相識的三年之前，我也和一個交往兩年的對象分手了。

鮑伯：那麼當妳在經歷失戀的時候，妳也同樣認為自己再也無法重拾快樂嗎？

凱西：嗯。事實上，我記得我在某次分手後，甚至還一度想要自殺，因為那時我認為自己這輩子都會走不出失戀的傷痛。

鮑伯：嗯，我懂妳對分手的恐懼。分手似乎會讓你覺得自己將一輩子孤單、將永遠無法自拔地深陷在情緒低潮裡。但就妳過往的失戀經驗來說，熬過了剛分手時的痛不欲生，妳最後都能走出傷痛。一切最終都會撥雲見日。我們應該要記住這樣的經驗歷程。

凱西：回首過去，確實是這樣沒錯。但在失去感情的當下，似乎很難讓人相信這一切會有所好轉。

鮑伯：就算當下很難相信，也別忘了提醒自己：妳認為妳會永遠走不出低潮，但結果證明，事實並非如此。要是妳在當初失戀的時候，能預先知道就算沒有了這段感情，妳最終還是會重拾快樂，妳認為自己還會感到痛不欲生、久久無法走出傷痛嗎？

凱西：不，如果我相信一切都會好轉，或者我知道我還能再找回快樂，我就不會感覺如此絕望崩潰了。

鮑伯：所以那些過往戀情對於妳往後的快樂，並非是不可或缺的要素，對不對？

凱西：嗯，的確，就算失去了那些感情，我還是獲得了快樂。

「我可以相信任何人嗎？」

你或許會擔心，如果另一半背叛你，你就再也無法相信任何人——不妨讓我們來思考對於「背叛」的這一常見結論。請容我再次說明，我並不是指你的伴侶不值得信任，而是假設他（她）辜負了你的信任，那麼這與「給予其他人信任」有何意義關聯？

經歷了背叛和分手，遭背叛的一方普遍會向我提到的是：「在感情世界裡，我再也不會相信任何人了。」這種立即、直接的反應是在歷經背叛後（尤其是在療傷階段），免於自己再受傷害的一種保護策略。就分手後如果出現新對象的情況來說，一步一步慢慢發展感情，也許是一個好方法。

但也不妨來檢視這當中的邏輯：如果某人背叛了你，你就再也不會相信別人。與某人之間的特定經驗足以套用至全宇宙的人類嗎？這符合實際嗎？這就像是某人竊走我的某樣東西，於是我斷定人人都是小偷。如此的推論似乎不合邏輯，也顯然毫無幫助。假想你在歷經失戀之後，開始走出去、認識新對象；你遇見了一個讓你心動不已的女孩，可是對方向你吐露，因為她曾遭另一半背叛，所以她無法相信你——她的某次經驗告訴她「永遠都不能相信別人」。這合理嗎？

再也不相信任何人，可能會使你的生活變得不輕鬆。你的身邊也或許有一些歷經失戀、被背叛，因而對人失去信任感的人。這種過度保護的策略只會阻礙人們找到新戀情、覓得下一段幸福與嶄新意義的可能。

而你或許也認識一些在遭遇背叛後，仍能與新對象建立良好關係的人。這些人也許是將「背叛」看成是映照出背叛者本身的一面鏡子，而非將背叛行為泛化到所有人身上。信任來來去去，有時彷彿已蕩然無存，但不久後又重返心底。事實上，經過了過往的分手經驗後，你或許早已體會到信任的這種來去特性。無論如何，生活仍繼續前進。

尋找走過背叛傷痛的「倖存者」

另一種審視內心深處恐懼的方法是，看看你的生活周遭是否有人成功克服了被背叛的傷痛？你是否認識曾遭婚變或劈腿，但仍能繼續享受美好人生的人呢？絕大多數人的身邊都存有這樣的背叛「倖存者」，你呢？也許你想起的這個人目前仍未找到新戀情，但這意味著他（她）無時無刻都感到痛苦不堪嗎？應該不是。而更有可能代表是，即便處於單身，他們的生活仍充滿了喜怒哀樂、跌宕起伏。

人們通常都具有**心理彈性**，是以往往能從失落、悲傷，甚至是背叛中復原。某些人曾經歷過你最害怕的事情——被背叛，但他們仍繼續在生活中前進，有時甚至在後來找到了更理想的感情關係。藉由這些人的經歷也許就足以讓你去相信，要成功走過背叛傷痛並非不可能之事，因為，當你相信自己的生活最終也能像這些「倖存者」一般安然美好，那你或許就能在目前的感情裡少一些擔憂、甚至少一些嫉妒。

第九章
嫉妒的全視角

在第七章中，我們曾將頭腦想像成是一個充滿形形色色的物件與記憶的偌大房間。現在，也不妨同樣把你的感情看作是一間大房間吧！這間房間裡並非只有「嫉妒」這一樣東西、這一種感覺——更蘊含了豐富多樣的色彩、不同的質地，以及林林總總的回憶畫面，而這些全都屬於這段感情的一部份。

感情房間

感情房間就如同內心的一片空間，裡面的模樣如同萬花筒般，匯聚了琳瑯滿目的記憶、情感、感覺、想法、經驗、挫敗和希望。此刻我坐在我的書房裡，眼前有成堆的書本，還有檯燈、紙筆和幾張椅子。我將視線刻意落在一本書上，瞬間就勾起了某段記憶、想法、觀點和感受，而我也注意到了另一本我想要閱讀的書，只是始終還未抽出時間翻閱。這一方圍繞著我的天地，充滿了各種物件、畫面、回憶和可能性。這片空間並非只容納了一樣東西、一件物品、一種感覺、一次經歷、一個瞬間，而是可以無止盡延伸到過去與未來。同樣地，你的感情房間裡充滿了許多你與對方共同擁有的經驗。或許，某些被淡忘的片段，壓在記憶的底層，靜靜等待著你在某個不經意的時刻突然想起。無論此刻你在房間裡感受與經歷著什麼——可能是你的嫉妒，或是另一半的嫉妒——都只不過是一個瞬間、一層記憶、一種可能性。

你與另一半的關係是一間房間。房間裡的樣貌，或許就如同我的書房一樣，凌亂不堪，為了要找出某樣東西，還得要歷經一番東翻西找；這裡頭埋藏了各種勾起回憶的引線，也瀰漫著你在過去幾個月，甚或是過去幾年來，反覆經歷的情緒感受。那些揮之不去的嫉妒、氣憤、焦慮不安和悲傷環繞在你身旁，持續不斷地侵擾你。然而，這是一間廣闊無邊的房間，除了存在於此時此刻之外，還彷彿能在時間軸上來回穿梭一般，延伸到過去與未來。

在這間似乎變化莫測，讓你眼花撩亂的偌大房間裡，保藏了許多可能已經被你遺忘的事情——直到此刻——你回想起來，關於兩人的初次見面、第一次約會，甚至是當天的穿著打扮，也記起這段感情剛開始萌芽的悸動，兩個人並肩散步、有說有笑，對彼此的一切充滿好奇。你還記得兩人第一次做愛時的感覺，以及那段濃情密意的時光。就在這間巨大房間的某個不起眼角落，你再次發覺到那些曾讓你感到無比親近、安全和快樂的感受。你心想「唉，這些美好感覺跑去哪裡了？」彷彿它們已永遠消逝。但，它們就在這裡——安放在你的房間裡、出現在你的眼前、在這一刻的感受之中流動。

你的心思回到了過去，想起過往的歡笑和快樂。你記起渴盼見到對方的心情、分開時的想念，以及想要將彼此緊擁入懷的渴望。你也記得那種共有某種特別事物的感覺，比方說，兩人都喜歡的某間餐廳的菜餚，或是一起散步的時光；對其他人而言，或許平凡無奇，但對你們來說，卻是兩個人在一起，共同擁有的珍貴記憶。隨著思緒飄蕩回這些零星往事，這一刻你的內心感到溫暖，卻也深怕這份愛漸漸消失不見……

是什麼讓你對你的另一半心動？是什麼讓你覺得「嗯，這個人就是我所愛的」？也許你也說不上來，難以言喻——而這也正是你此刻要尋找的——在這些「難以言喻」的背後，具有如海浪般襲捲而來的情緒、畫面和回憶，每一陣波濤看似都不同以往，有時掀起的巨浪也彷彿會將其他浪潮的能量覆蓋吞滅，它們持續朝你撲來，一波接著一波，湧進你的心中，流入兩人的回憶。在這間房間裡，你能同時體會到瞬息萬變與永恆不變的特性，也因而明白人生就是充滿矛盾——希望與愛的所到之處，悲傷與憤怒亦會如影隨形。狂濤巨浪也許會將你們擊倒，但你們仍可努力再站起來，再一次克服難關。如果你能想像握住眼前那一雙遞出的雙手（或是你主動伸出雙手），你就足以讓自己從這些沮喪情緒之中解脫。只是，你也不知道，你並不想抱太大的希望，因為你們都被擊倒了⋯⋯

轉動感情的透鏡

或許你的嫉妒就像是一片灰暗的濾鏡，因而使得你在感情裡看見的一切都顯得黯淡無光。你就透過這一濾鏡，觀看著你的另一半和你自己。只是不管怎麼看，總是讓你感到困陷、無助、漠然與不被愛。你只用這副投射出陰影的灰暗鏡片看待對方，視線裡透不進一絲明亮色彩，是以源源湧上心頭的氣憤、焦慮和悲傷情緒似乎是無可避免。

我還記得小時候第一次朝著萬花筒裡看，瞬間覺得自己進入了一個目眩神迷的新世界。我左右轉動圓筒，眼前的圖樣也隨之改變。當時的記憶是所有花色都呈現對稱，還有，只要我動手轉轉，眼前就幻化出另一種圖樣。後來，我時常想，感情也就如同萬花筒——每當我轉動圓筒，就能看見不同的圖樣。當我充滿憤怒的時候，我就像是被困在暗深色的圖樣裡，視線看似捕捉住所有的線條紋路，但實則是讓自己置身在黑暗之中。這個圖樣也就如同我在憤怒時刻的思考樣貌「世界本來就是這麼黑暗」，是以我整個人彷彿掉進了充滿不安與沮喪的黑暗深淵。於是我想，要是我轉換成其他圖樣呢？我會看見什麼？感覺又會有什麼不同呢？

就讓我們來轉動萬花筒吧！當你以不同的角度看待事情時，眼前會浮現出怎樣的感受圖樣呢？每當我轉動一次圓筒，就會喚起另一種不同的情緒感受。一同來試試看吧！

關於關愛的透鏡

試想在你的童年記憶裡，是否有某位始終待你慈愛關懷的人物？你對他（她）有什麼印象呢？就我來說，我想起了我的祖母。她總是笑臉迎人，語調溫柔，總是會抱抱我、稱讚我。請試著勾勒出你對這個人的回憶，將記憶中的種種引領至此時此刻。閉上雙眼，記起那股擁抱、輕撫、安慰的溫暖力量，想像自己被這般友善、慈愛的感受圍繞包覆。你會發現就在這一刻，在愛之中，你獲得了安全感。

接下來，試著感受你對這個人的愛與善意。當你對對方說——也是對自己說——「我好喜歡你的溫柔和慈愛，我愛你。」你馬上就能感覺到發自內心的愛，從你的內心流向對方。兩顆心瞬間合而為一。

關於歡樂有趣的透鏡

現在我想請你回想另一種情緒。請試著想起關於你開心玩耍、開懷大笑的回憶片段。就我來說，我記起的是沿著林間小徑遛狗，看著牠奔跑、四處聞嗅的過往畫面。在回想過程中的每一個當下，牠就出現在我的腦海和內心，我陪著牠玩，丟給牠一顆小球，看著牠追逐，奔跑時尾巴在半空中揮動、張口呼吸的模樣。我看見牠咬住那顆小球，跑回我的身邊。想起這段回憶，我的心底就瞬間湧現輕鬆歡娛的感受。

含有多種情緒的透鏡

當我想起與祖母以及愛犬一起度過的美好時光，我也不禁悲從中來，因為他們都已不在這世上了。但我仍記得和他們相處時感受到的慈愛與歡樂，它們就存在於我的內心，從未消散。此刻我就能真切感覺得到這股正面感受，即便是在記憶之中，即便伴隨著悲傷——是的，**正反兩種情感**相繼湧現——被愛與歡樂的感覺，交雜傷心難過。難過的是不捨他們的離去，但想起被疼愛呵護、想起愛犬奔跑追球的畫面與回憶，內心總能盈滿快樂。

這就是情緒與回憶在感情房間裡的特質——快樂與難過的感受，似乎相互矛盾般地同時並存。這有可能嗎？你或許會問：對於同一段回憶，我怎麼會同時感覺到兩種極端的感受呢？這當中的矛盾難道不會使兩種情感相互抵銷嗎？如果是這樣的話，是否意味著我就會對這段回憶沒有感覺？

絕對不是。這兩種矛盾情感都是合情合理且真實的。沒錯，對於同一段回憶，我們可以同時產生正面與負面的感受；就如同你對你的另一半，你會對他心生妒意、對他感到怨憤，但卻依然愛著對方，依然渴望對方。

你並不會因此混淆迷惑。不會的——你只是純粹意識到自己的情感有多麼的豐富廣泛。感情絕不會是只有一種感覺那樣簡單，不是嗎？你的內心世界充滿了如同萬花筒般絢麗的各式各樣圖案與色彩。因此，當事情看似無可解套時，那就轉動你內心的萬花筒吧！你會發現，一瞬之間眼前一切就會變得不同。

以關愛的透鏡看待你的另一半

除了痛苦難受的情緒之外，你與你的另一半之間還有哪些情感流動呢？兩人之間只有嫉妒和怨憤嗎？不可能。因為假使是這樣，你從一開始就根本不會在乎，所以也不會心生妒意。因此，你們之間還存有許多其他的情感。我們在不久前，談及了關懷與慈愛，也就是關於被擁抱、輕撫、安慰，彷彿所有不完美都被全然接納的感受。請試著回想這種感覺，並記起彼此經歷其中的回憶片段。

當你被痛苦不堪的情緒包覆時，或許很難敞開雙臂擁抱正面情感，但請在這一刻試著找回這股溫暖力量。試著去傾聽、感受、回憶這種情感的溫度與力道，從而明白是否張開雙臂仍取決於你，也從而發現即使此刻內心疼痛不已，你們仍然可以彼此相愛。

事實上，內心的疼痛也許是源自於愛。愛有時會讓人受傷；有時我們悲傷難過，是因為我們在乎某事。因此，即使是在傷心受挫的時候，也請試著擁抱所有這些情感，明白痛苦之所以存在於此，是因為背後也蘊含著溫暖與愛的情感。就算你想藉由擺脫另一半來甩掉痛苦折磨的感受，但實際上，你的內心也許仍在乎、深愛著這個讓你飽嚐嫉妒滋味的人。在偌大的感情房間裡，痛苦只是其中的一部分，而它的周圍還有許許多多不同的情感。

這是你與另一半攜手打造的感情房間。也許，傷心就是記起愛的最好時機，但要在嫉妒與怨憤的情緒當口回想起愛，確實不容易。那麼，就把嫉妒安放在房間角落的椅子上吧！讓它暫時歇歇，好讓你能想起那些你擁有的愛、你付出的愛，記起你曾經歷其中的——所有關於愛的情感。

以歡笑有趣的透鏡看待你的另一半

嫉妒待在椅子上，看著你發掘出這段感情的種種片段，包括兩人嬉戲打鬧、開玩笑逗樂彼此的歡樂時光。沒錯，只要稍稍回想過去，這些記憶就能浮現腦海。此刻嫉妒就坐在房間的角落，而你發現，其他美好的回憶和感受也同時存在於這間偌大的房間之中。

回首攜手走過的人生大小事

這間感情房間裡，還存有另一樣重要事物，那就是兩人一路走來，一起想辦法解決過的所有問題。試著回想你們是否曾為了什麼目標而努力？一起克服過哪些問題？或許兩人最近感情不睦、爭執不斷，但反過來想，若不是曾同甘共苦，一起克服過種種問題，你也不會如此看重這段感情，因而也不會心生妒意，不是嗎？

這些經歷是什麼呢？或許兩人曾相互扶持，一起走過不開心的時光——共同面對情緒低潮、工作不順、家庭困境或友情破裂。兩人總是相伴走過這些不愉快的經歷，而非一人孤單面對。也或許你們一起努力養育孩子——見證懷胎十月到出生的生命歷程，不禁令你感動落淚，也一起歷經半夜被孩子吵醒、輪流起床安撫、被孩子的搞怪舉動逗笑、看著孩子一天天成長。或許你們也會一起擬定計畫——安排日常活動、度假旅行、處理生活大小事……。試著想起所有與兩人有關的規劃，而這些也依然是屬於感情房間的一部分。

「嫉妒」並不等同於一個人的全部

當你心生妒意的時候，這段感情在你眼中，除了嫉妒和懷疑之外，可能別無他物。你甚至會相信自己就是一個「善妒之人」。然而，這樣的認知不僅讓你飽受嫉妒折磨，更導致你無法察覺這段感情（以及你本身）擁有的豐富多樣情感。

若說自己是一個善妒之人，那就幾乎像是你的完整個性，以及整個過往經歷都消失不見。你彷彿瞬間成為一張標籤、一種類別、一個貶義名詞，而不再是一個擁有獨特經歷與各種情感的獨立個體。你就像是將自己裝進一只貼有標籤的箱子，蓋上蓋子，然後把自己擺放（甚或是棄置）在櫃子的角落。

但事實上，你的感情以及你所擁有的情緒感受，在任何時刻都遠遠多於嫉妒。正如前所述，你與另一半之間存在著包羅萬象的豐富情感，包括喜悅、快樂、好奇、親近，以及關於攜手面對問題、一起經驗事物、共同計劃未來、共度歡樂時光的回憶。這段感情在任何時候，都比你的嫉妒感受還要來得豐富遼闊。將嫉妒擺放到整體脈絡裡觀看，暫時鬆開嫉妒，你會發現，隨著你將目光轉而注視這段感情裡其他的意義來源，你就能看見自己擁有經驗各種不同情感的可能性。你並非「善妒之人」——你是一個富有各式各樣情感、經驗與可能性的個體。

我們也能跳脫此時此刻，將你的感情和嫉妒放到整個人生的脈絡裡來看待，不受眼前嫉妒的束縛，轉而探索如何打造有意義的人生——包括友情、職場人際關係、有意義的工作、人生價值觀、重要目標和優先順序。在那一瞬息萬變、時間奔流而過，不斷創造新機會的廣闊人生裡，嫉妒感受只是其中的一小分子。你擁有的是一個超乎嫉妒且充滿各種可能性的寬廣人生——若你願意先將目光焦點轉移開嫉妒。

為一切情感保留空間

與其一心想要袪除你的（或另一半的）嫉妒感受，如今你明白，你的人生遼闊地足以容納嫉妒，以及其他更多的感受經歷。在感情房間裡，你能為所有的情感保留空間。沒有任何一種情感需要被攆出門外。

「保留空間」除了能讓我們接納嫉妒情感，也能讓同樣屬於關係一部分的關愛、歡樂和同理心擁有一方天地。當內心騰出了空間，我們不再與嫉妒死命搏鬥、不再命令它即刻滾蛋——而且當嫉妒再次叩門時，也不再陷入憤怒與沮喪的情緒漩渦。當嫉妒感受湧現時，我們能坦然接納自己此刻感到嫉妒，而因為騰出了空間、包容了眼前的嫉妒，就不會依循嫉妒的想法和感覺而衝動行事。除了告訴自己「我可以與嫉妒感受共存」，更明白「我還能去經驗許多不同的情感、回憶和可能性」。這並不是說，當嫉妒一到來，我們就得把內心清空，而是指暫且允許它在內心的某一處空間裡張牙舞爪、痛苦哀號，我們聽見了它的悲鳴，但仍能不受干擾、繼續前行。說穿了，比起與之對立、交戰，為自我感受騰出空間更為管用。

第十章
齊心協力，化解嫉妒

你此刻經歷的嫉妒感受，是發生在你目前這段感情的情境之中。嫉妒鮮少是一個人的「毛病」，往往是涉及了雙方的問題行為。若你是心生妒意的一方，你或許已意識到自己存有某些會引發問題，有時甚至會讓情況變得更不堪的思考、行為及溝通模式，例如，以「讀心術」認定另一半在想些什麼、因為賭氣而故意冷落對方、質問對方的行為，或是將對方貼上「心機重、不老實」的標籤。這些負面的感覺和想法，有可能是源於你的另一半也許在無意間說了某些話，或是做了某些事，是以他（她）的行為也或許是構成問題的一部分。反過來說，若你是另一半的嫉妒箭靶，你可能會將對方貼上「神經質」的標籤，或頻頻為自己被指控的行為辯護，甚或是不想再衍生更多的爭吵而隱瞞事實。不管是哪種立場，雙方都爭相證明自己是對的，都想盡辦法要駁倒對方，但結果卻往往是兩敗俱傷。

本章將探討感情雙方能如何看待嫉妒，如何擬定處理嫉妒感受的策略，並嘗試找出兩人往後相處的基本規則，亦即彼此都能認同的共識。關係也許從一開始就欠缺明確理解（實際上很可能是誤解），而存在的問題有可能會獲得改善，也有可能會始終窒礙難行，關鍵就在於兩人必須一起找出最適合彼此的解決之道。

攜手克服問題之整體指南

就我個人的伴侶諮詢經驗來說，若要改善關係，雙方都必須為改變付出努力，不能僅僅是一方埋頭努力，而另一方作壁上觀。嫉妒是一道雙方問題，而彼此都可能是問題解答的一部分。除此之外，這也是能大幅促進相互理解與信任的絕佳機會。與其一味地把責任歸咎於對方，不如齊心協力找出可行的解決方法。請先注意以下事項：

放下不切實際的期待

我們必須以現實角度看待嫉妒。如同我在前幾章節多次提到的觀念：嫉妒是很普遍的情緒，且通常是一種對承諾的表態，而我們都有必要學會接納嫉妒情緒的發生。因為如此一來你就不會一心想消滅嫉妒，而是能漸漸從中瞭解，是什麼因素引發你的嫉妒，或是促使你對另一半的嫉妒做出某些反應。本章將介紹若干個伴侶之間處理嫉妒的有效工具。然而，擁有工具並不代表你就能高枕無憂，從此再也不會遇上問題。而是指當問題發生時，你會知道該如何防止問題加劇，此外也能藉此讓關係變得更加牢固。

真正的困難點不在於發生問題，而是無法解決問題。這段過程或許艱困，有時難免會令人感到心灰意冷，但為了能讓這段感情更美好，或許就值得你付出努力、解決困境。

我們都有包袱

人們常說：「我不想處理你個人的包袱。」但每一個人都扛有一些包袱，因為我們都有不完美、不圓滿之處。有些包袱的重量較輕，就像隨身包一樣，拎起來並不太費力；有些則巨大沉重，甚或需要動用重型起重機才能舉起。有鑑於此，關係裡某些情況的發生是在所難免，比方說，關於信任、親密、誤會、不切實際的期待以及挫敗等種種問題。沒有一對維持長久關係的伴侶之間是沒有問題的，換言之，經營關係需要付出很大的努力。共同解決嫉妒問題的過程中，也許會引爆相互指責的混亂局面，但實際上卻也能讓兩人關係變得更加緊密（如果方法得當的話）。

若你期待建立一段穩定關係，那你就無法逃避問題；而面對問題的關鍵就在於，願意承擔彼此的包袱。還記得我在第六章裡提過的觀念「我不好，你也不好——儘管如此也無妨」嗎？而這也或許就是你能在長久且深厚的關係中體會到的真諦。你與另一半擁有的包袱不盡相同，彼此也可能都肩負著與工作、原生家庭、金錢、健康或其他各式各樣事情有關的包袱。當另一半產生嫉妒情緒時，擺高姿態、認為對方的嫉妒意味著你的心理狀態比較「健康、完善」毫無意義。反過來說，如果你是心生妒意的一方，你也不須認定自己是這段感情裡的唯一「問題人物」。我們都是墮落天使；但我們能一路相互扶持前進。

跳脫「堅持自己是對的」的框架

別一味地想證明自己是對的。「堅持己見」是感情中最常見的問題之一。一心想證明自己是對的，會讓彼此彷彿陷入檢察官與被告之間的攻防戰，而其中一方，抑或是兩方，又都同時扮演著法官的角色。但結果是雙方都輸了，因為爭論誰對誰錯的過程中，會使你攻訐對方、以自以為是的說法為己辯護、抱怨完全風馬牛不相及的事情以及翻舊帳。就算你是對的，但據理力爭、力圖駁倒對方，本身就是一個錯誤的策略，因為這種做法會使打造良好關係的積極目標受到損害。穩固的感情是建立在相互回饋與理解、將心比心、同甘共苦、彼此享受其中的基礎之上。拉近彼此心的距離、表現關愛與柔軟脆弱的一面，是使感情茁壯成長的方式。堅持自己是對的，與包容人性的弱點與挫敗，是南轅北轍的兩件事。

關注最重要的事

在共同著手處理嫉妒問題之前，兩人需注意的另一項重點是，確定彼此的討論焦點為何。換言之，在溝通的過程中，別以為你有必要重新提起你從過去以來，經歷過的每一件失望或沮喪的事情。心理學家將此種思考方式稱作「傷害集合」（injury collection），而這會使你對芝麻綠豆大的小事都窮追猛打。有不少人會格外留意自己是否被不公平對待，或是特別在意別人無意間顯露出的（或是根本是莫須有的）輕視及侮辱。捫心自問，你是否會情不自禁地傾洩一長串的抱怨，這樣做會讓你獲得什麼呢？不過是掀起更多的爭吵罷了。試著將焦點僅僅放在最重要的事情上，消除你心中的「傷害清單」，展望兩人同在的開闊人生。

確立溝通目的

在展開溝通之前，你不妨先坐下來、將你希望藉由這次溝通，來達成何種目的的真實想法通通寫下來。並試想這些目的，會帶來哪些可能結果。例如：

我想要……	這可能會導致什麼結果？
「我想要傾吐我的所有感受」	你的另一半可能會產生防備心，把你的話當作耳邊風，或是反唇相譏

「我想要證明我是對的」	同上
「我想要讓他（她）感覺跟我一樣難受」	同上
「我想要懲罰他（她），讓他（她）不敢再犯同樣的錯誤」	同上
「我想要辯贏對方」	同上
「我想要堅持我的高尚立場」	同上
「我想要對方懺悔道歉」	同上

嗯，我想你大概了解意思了。如果你的最終目的，僅僅是為了抒發情緒、證明自己是對的、想要駁倒對方或是施予懲罰，那你勢必會引來許多負面反應。我們在承受痛苦情緒的時候，會抱持這樣的企圖無可厚非——但這只會讓情況變得更糟糕。的確，當我們感覺受到威脅、傷害、被不公平對待時，第一反應往往是還以顏色、表達憤怒。然而，這卻無法獲得重拾信任、修復彼此之間承諾與關愛的正向結果。

不妨將溝通視為「**雙贏**」與「**雙輸**」局面並存。雖然最後沒有人能稱心遂願，得到自己想要的一切，但雙方皆從中獲得了有價值的事物。你也許在某些方面如願以償，但卻在另些事情上做出退讓，而你的另一半也是如此。試著找出「能讓關係向前邁進」的平衡點，並以此為溝通目的，而不是一味地追求戰勝對方。這些目的也許是：

- 我想要減緩彼此的緊繃關係
- 我想要建立信任
- 我希望我的另一半能尊重我
- 我想要感覺被愛
- 我想要愛我的另一半
- 我希望我們能相互理解

在開啟困難對話之前，你得要明確知道，你希望彼此的溝通能讓關係取得怎樣的進展。你也許會想：「我必須讓她知道，她讓我產生這種感覺實在是很可惡！」或「我必須宣洩我的所有情緒。」或「我有表達自我感受的權利。」發洩情緒、惡言攻擊，或試圖戰勝對方，最終會演變為劇烈爭吵，結果是兩敗俱傷。真正有益於溝通的思考問題是「我希望彼此的溝通朝哪一方向前進？」、「我期待獲得怎樣的結果？」接下來，就讓我們進一步思索更妥善的策略；不妨就從**傾聽**開始吧！

展開溝通

試著放下想要在爭吵中辯贏對方的欲望，轉而去思考在這段感情裡，哪些事物更為重要？是據理力爭、證明自己是對的？還是兩個人能更快樂地相處在一起？關於嫉妒話題的溝通，顯然將牽涉到事實、邏輯與合理性的討論，但除此之外，也包括了雙方都能感覺到自己被聽見、被尊重，以及被重視。感情雙方都是帶著各自的過往經歷，來到這段關係；比方說，其中一方可能遭遇過背叛，或是曾經對感情抱持無所謂的態度。彼此都存有自己的假設，且可能都認定自己有權做某些行為，或是覺得別人應該要以某種方式對待自己。然而，關係裡的溝通並不是一場審判，或是一場辯論賽。請記住，在此之中並沒有誰是「贏家」或「輸家」；這並非是在爭奪「我對你錯」，若溝通淪為競賽，必然會使兩人都快快不樂。溝通首要注重的是相互理解、彼此尊重與合作。溝通的真諦在於傾聽和分享，而非支配與控制；其目的並不是「我贏他輸」，而是「我聽見你、你聽見我」，且藉由敞開心房、展露彼此柔軟脆弱的一面，讓兩顆心的距離更加靠近。那麼，就從設想另一半的想法、感覺和脆弱面著手，藉此嘗試去理解對方的觀點吧！

設想對方的觀點

以下是供兩人練習的簡單習題：你認為你的另一半是以何種視角看待這段感情裡發生的事

件？你覺得他（她）對這些事件有何感想？請將你的答案寫下來。我發現，在你開始發洩憤怒與焦慮情緒之前，先採取這一步驟，能讓你看清兩種可能情況。第一，你對另一半是如何看待事情一無所知。第二，在你思考上述問題的過程中，你會意識到彼此看事情的角度截然不同。

表現積極的傾聽態度

其次，放下想要辯贏對方的意圖，暫時站在對方的立場。這包括了換個方式，重新敘述對方的表達之意，藉此能讓對方明白你至少有打開耳朵聆聽。

向對方展現同理

接下來，試著在對方訴說的內容中，找出有其道理之處。比方說，「我可以理解，當我和那些會與我親暱開玩笑的異性相處時，你的心裡可能會很不是滋味。」或「我能理解是因為我的嫉妒感作祟，才會讓你覺得自己『躺著也中槍』。」

為什麼理解及尊重對方的觀點很重要呢？還有，為什麼要屏除**戰勝對方**的意圖，轉而去深刻**理解對方**呢？從某方面來說，道理很簡單。嫉妒主要是對於依附情感（彼此的感情關係）受到威脅的一種表現——因此，在嘗試溝通嫉妒問題時，別忘了，雙方能互相讓對方感覺到自己被聽見，來藉此增強兩人之間的情感紐帶。嫉妒就像是大聲哭喊，卻無人聞問的狀態；所以當你透過增進相互理解，來強化彼此的感情，以及藉由建立關愛與支持，來認可及尊重對方的感受，你就能獲得更多的安全感，從而較不容易產生嫉妒情緒。如果你渴望被聽見，那你必須先打開耳朵傾聽對方。

這當中的關鍵，在於創造**感同身受的「安全空間」**。嫉妒反映出得不到安全感的恐懼。假想你和另一半此刻身處在某個設有無數通道的暗黑洞穴裡，但兩人都不知該往哪兒走，才能通往出口。四周黑壓壓的一片，除了你們之外，別無他人。你的手執一支蠟燭，熒弱燭火在黑暗中閃爍搖曳，而重要的是必須要守護燭火不滅，因為若少了光明照亮，兩人將困陷在無邊的黑暗之中。你們一起緊握燭台，一起找尋出路。這支蠟燭就好比是你的嫉妒感受，想像彼此可以一同守護著它，並肩同行，一起找到出口而擁抱更多的光亮。嫉妒是你內心的蠟燭，也是兩人同甘共苦的經歷，且需要相互依靠和信賴，才能在黑暗之中找到出路，而彼此之間的溝通對話，就是照亮前行之路的燭火。

反思你對嫉妒的看法

不妨來審視某些會使你在不經意間，表現出問題行為（或挑釁行為）的信念與假設。這些假設和預設標準（我們曾在第四章裡討論過）會阻礙有效溝通，因而難以改善關係，以及為嫉妒在關係裡找到安放空間的可能。這些信念與假設包括：「男人和女人在個性和想法上，本來就大不相同。」「誰都沒有資格對我指手畫腳！」「這不是我的問題，我沒必要跟著攪和。」或「這種情況永遠都不會改變。」

另外，你也能仔細想想你是否存有評斷對方的「反嫉妒」（**anti-jealousy**）信念。比方說，「我的另一半不應該有嫉妒感受。」「本身缺乏安全感的人，才會感到嫉妒。」「她應該要百分之百相信我。」捫心自問，這些信念，真的有益於關係發展嗎？答案想必是否定的。

我們時常一廂情願地認定，自己是抱持善意、所作所為都不應該被質疑的好人。嗯，也許你確實是個善良的人，但認為另一半應該要「百分之百相信你」聽來就像是不管怎麼樣，你本來就該享有被信任的感覺。許多人都相信自己有**權利**得其所願，而不願承認問題的發生兩人都有責任。因此，不妨考慮採取其他更客觀、更實際的看法吧！從而能讓你接納另一半的嫉妒感受，同時也能攜手努力，一起解決對方面臨到的嫉妒困境。以下是能帶來正面助益的看法（信念）：

- 嫉妒是普遍存在於感情關係裡的問題。
- 我們可以接納嫉妒是一種人皆有之的正常情緒，而且就算我們的感情裡存有嫉妒，我們也可以理解和包容彼此。
- 感情需要適度的妥協，以及找到平衡點——誰都不該堅持一切都得完全順著自己的心意發展。

- 我們只要能找對方法去溝通嫉妒問題，就能更善於應對嫉妒。

溝通的基本規則

不妨將彼此之間的溝通討論看作是一段長度有限的**會議時間**。就討論嫉妒問題的時機而言，避開兩人（或有其中一人）心情惡劣的時刻是很重要的一點。舉例來說，你也許可以這樣開啟話題：「嘿，我們坐下來花不超過二十分鐘的時間，來聊聊我們可以怎樣處理我們感情之中的嫉妒問題，好不好？我想我們可以先試著去理解彼此的感受。」

承擔你在問題中的責任

別趁勢把溝通討論當作是批鬥另一半的大好機會。藉由共同承擔問題的責任，就能意識到「這是我們彼此的問題，而不是你單方面的問題」，進而能使兩人齊心協力面對。你可以藉此表示：「我知道問題的發生我也難辭其咎，所以我希望能一起努力找到解決方法。」將溝通討論看作是解決問題的過程，得以從中瞭解你能如何建立更多的信任感，以及你可以採取哪些有益做法。

不妨把嫉妒描述為一道**有待解決**且**共同承擔**的問題。比方說，若你是產生嫉妒情緒的一方，你可以先表示：「我知道我的嫉妒情緒不僅是折磨我自己，也一定讓你很受不了。我知道這是我們兩人共同經歷的問題，所以我希望可以更瞭解你在此之中的感受，而我也希望你能聽聽我的感受。」如果你是另一半的嫉妒箭靶，你可以告訴對方：「我知道我也許說了某些話，或是做了某些事，就我來說，可能不是出於故意，但卻讓你不高興了。所以我想聽聽你的真實感受，也希望你能更瞭解我的感受。但不管怎麼說，我明白這些經歷讓我們彼此都很難熬。」

依我所見，嫉妒問題往往是一個巴掌拍不響。我們有時可能會做出某些自認為光明磊落，甚至是立意良善的事情，但卻由此引發了另一半的嫉妒感受。舉例來說，你或許會和前任伴侶一起喝咖啡，或是在社群網站上問候某個你曾交往的對象。你的用意是想表現友善，但卻沒有考慮到你的另一半可能會作何感受。因此，你也許堅持自己的立場，難以置信地回應：「你有什麼問題啊？我和他們又沒怎樣！」有時甚至會以冷嘲熱諷、仇視的態度看待對方的嫉妒心，但這只會讓問題更雪上加霜。只要能理解「**這是彼此需共同承擔的問題，因為這是我們兩個人的感情**」，就能在傾聽的過程中，給予彼此更多的尊重。

避免互貼標籤

任何溝通討論只要牽扯到將對方貼上負面標籤，譬如「神經質」、「沒安全感」、「自私鬼」或「自戀狂」等，就不太可能會有好結果。所以請避免端出這種貶損且泛化他人的言語。相反地，你可以說：「我們先嘗試去瞭解彼此對這件事情的感受，好不好？」將別人貼上某種負面標籤，不僅會使對方感到被羞辱及邊緣化，也會讓人降低做出改變的意願，更會招來反擊或逃避回應。解決嫉妒問題的主要目的，應該是追求兩人的感情變得更緊密，而不是為了將責任歸咎於一方。沒有人會因為被另一半貼上「沒安全感」或「神經質」的標籤，而感到關係變得更加緊密了。

給予彼此「不被打斷」的訴說時間

你可不希望兩人在對話的過程中，因為另一方似乎不理不睬的樣子，而憤然斥責。有鑑於此，不妨給彼此五分鐘的時間來表達自己的想法和感受。在另一半敘說的同時，你的任務就是記下重點（先不管你是否認同對方所說的內容）。舉例來說，假設你的老婆或女朋友這般訴說：「當你和那些嫵媚迷人的女人相處時，我真的感到很不安。我覺得你好像很享受她們待在你身旁，而且也很樂於跟她們戲謔開玩笑。」無論你同意與否，都先將你聽到的內容記錄下來。五分鐘結束後，（除了其他內容以外）你可以說：「我確認一下有沒有正確理解妳的意思喔。妳的意思是說，我和其他女人相處在一起，會讓妳有不舒服的感覺，然後妳認為我很喜歡和她們嘻笑逗鬧。到目前為止，我的理解正確嗎？」這種方式能讓雙方在不受批判、不起爭執的情況中，表達各自的觀點，也能讓彼此互相傾聽。聆聽另一半的話語，並不意味著你同意他（她）所說的話；

而僅僅是代表你打開耳朵、聽見了對方的真實感受，這些訊息強化了彼此的情感紐帶，也讓兩人共守的燭火變得更加明亮。

向另一半傳達關愛

由於雙方都投入了一些時間傾訴彼此痛苦難熬的感受，所以不妨也退後一步、向另一半傳達關愛與善意，並且對他（她）的訴說與傾聽表達感謝之意。就算你可能感覺焦慮或氣憤，但讓關愛透進彼此的內心，將有助於兩人平靜下來。說到底，彼此之所以展開溝通，目的是希望情況有所好轉，不是嗎？你可以藉由以下話語來傳達關愛：「我知道這些嫉妒情緒讓我們都不太好受，所以我很謝謝你努力和我討論這些事。我明白這有時讓你難以承受，但我真心希望你能好過一點，因為我非常在乎你。我知道要處理這些問題並不容易，所以我想要為我們的感情灌注一些信任與平和。」在表達及感受關愛的過程中，溫暖洋溢彼此內心，也帶來了更多安心的力量。

確認自己希望對方怎麼做

在彼此給予足夠的時間互相傾聽之後，仔細思考你希望你的另一半以哪些不同的方式行事？比方說，你打算要求對方永遠都不准跟其他異性交談嗎？這樣的要求實際嗎？你期盼對方實際上做出哪些行為改變呢？雖然你可能很難具體描述你渴望看見的改變是什麼模樣，但這一過程確實很重要，因為儘管你也許對另一半感到生氣，但即便是同意接受小小的改變，就能讓事情有所改善，也能建立起更多的信任感。

確認彼此之間的共識

我們往往會在溝通討論中，將焦點鎖定在彼此看法分歧之處。但論及嫉妒問題，你可以擴大討論的面向，將這段感情裡存有的美好事物也納入進來。不妨回想我們曾在前一章裡談到的「感情房間」，你也能藉此想起彼此共有的一切美好事物。要表述你在嫉妒問題中同意哪些事情，可以從談論這段關係的美好一面切入。舉例來說，戴夫對於妻子蘿拉與異性同事之間的相處懷有滿腔的妒意，於是他聽從我的建議，在與妻子溝通的過程中，談及到他珍視對方的哪些事情：

「我知道妳是我們孩子的好媽媽，是個了不起的母親。妳投入極大的心力關心孩子的課業、照顧他們的需求，並在他們遇上各種煩惱時陪伴在旁，與他們一起商量解決辦法。我知道妳真的很愛他們，而孩子們也很愛妳。除此之外，我也明白妳在工作上有多麼努力，且經常是蠟燭兩頭燒，不但要忙於工作，也同時盡心盡力扮演好母親的角色。」

戴夫接著談到彼此看法一致的事情：

「我同意妳說的，有時我的嫉妒情緒似乎是源源不絕，還有我因為焦慮不安而對妳拋出的種種質問讓妳很受不了。我想我們都同意嫉妒讓彼此都感到困擾，而我們也都希望兩人之間能少一些爭吵。此外我也心知肚明，我有時候對待妳的方式並不是那麼公平。」

蘿拉也談及了她對戴夫的正面評價：

「我知道你也同樣為孩子們付出了很多，而且在工作上也非常認真努力。我知道你很愛孩子，也深刻明白你很愛我。還有，我也很謝謝你在我出差不在家的時候，總是會承擔更多照料家庭的責任，而可能因此讓你更疲於奔命。」

蘿拉接著指出彼此看法一致的事情：

「嗯，我同意你說的，嫉妒對我們兩人都造成了困擾，而我也有察覺出嫉妒情緒彷彿將你活活吞噬；你整個人暴怒、焦慮到極點，看起來有點迷失在嫉妒的情緒之中。我知道它有礙我們的感情，所以我同意這是兩人必須共同設法解決的問題。但坦白說，我承認我有時候也許做出了一些會讓你很介意的事情；像是在公司的尾牙上，泰德伸出手臂摟住我，但即便我知道這一定會讓你火冒三丈，我依然沒有閃躲迴避。所以也許還有其他類似的事情，一件一件導致了嫉妒問題的發生。我承認我也需負起一定的責任。」

如何向另一半表達你的嫉妒感受

若你是萌生嫉妒情緒的一方，不妨參考以下有助溝通進行的六大要點，並可將此視為傳達自我感受的快速指南。

1. 承認自己面臨到嫉妒問題
2. 理解嫉妒對另一半造成負面影響
3. 向遭受指責的另一半表現關愛之意
4. 尋求意見──「當我感到嫉妒的時候，我該如何跟你表達，才不至於讓你覺得遭受指責？」
5. 看看另一半是否會因此而理解、接納並安慰你
6. 瞭解就算嫉妒情緒產生，也不需要隨之採取嫉妒行動

誠實面對自己的行為

人們有時會存心讓另一半吃醋，其欲達成的目的有很多種，以下舉出幾例。煽動對方的嫉妒心理可能是出於：

- 考驗另一半
- 懲罰另一半做了某事
- 針對另一半和別人打情罵俏的較量
- 保有「備胎」；藉由和別人曖昧往來，確保萬一現有感情告吹，仍有退路
- 提升自信心與自我價值感，證明自己依然魅力不減
- 證明誰都沒有資格管我

不妨試問自己：「我能做出哪些會讓另一半感到嫉妒的事情呢？」然後捫心自問，就此引發的衝突是否值得你做出那樣的行為。我要再強調一遍：嫉妒問題往往是一個巴掌拍不響。

你願意做出哪些改變？

我們幾乎總是希望對方是唯一需要做出改變的人，但如果我們也能一同加入改變行列，情況會更有望獲得改善。在彼此坐下來、展開溝通對話之前，不妨先想想這個問題，並條列出幾項你預料對方會想要你改進的事情，然後思考有哪些也許值得你為之付出努力。接著在討論的過程中，你就能瞭解你的猜想是否正確。你確實知道你的另一半希望你做出哪些改變嗎？

傾聽對方的不滿之處，並將此當作是一份自我改進的選單。比方說，如果另一半抱怨你老是質問他（她），那不妨考慮別再那麼做了。如果另一半對你莫名指控的行為感到不滿，那麼認真想想，你是否該停止扮演檢察官的角色。反過來說，若你是另一半的嫉妒箭靶，試著去思考你願意做出哪些改變。但在此可能會面臨到的一個困難點，在於你會猶豫是否要對滿腔妒意的另一半實話實說，因為你擔心誠實以對將招來指責。因此，為了避免遭受批評，你也許會刻意隱瞞與某些人的互動往來。當然了，這些秘密往來一旦被「抓包」只會火上加油。就算坦白會引來不愉快，但若你想要建立信任，那就有必要如實以對。

尼克好幾次偷偷和別的女人相約酒吧喝酒，而他的妻子卡蘿，在某次瞥見了他的手機簡訊後發現了這件事。不信任感在她心中漸漸蔓延開來，並懷疑自己還有哪些事是被蒙在鼓裡。尼克起初試圖解釋這些往來性質單純，都是同事之間互談公事（雖然並不是所有時候都是那麼一回事），後來他又進一步表明自己會出門找樂子放鬆是情有可原，因為卡蘿只顧埋首工作，很少有時間陪他。

這些解釋無一有用，反而是埋下更深的不信任。尼克和我一起討論了這些曖昧「樂子」的優缺點，他也漸漸意識到與那些女性同事戲謔相處，因而短暫獲得的自我價值滿足感，遠不及他與卡蘿之間的感情來得重要。雖然說他或許有理由抱怨妻子總是沉浸於工作，但我們可以將此劃為另一件有待討論的問題，此刻他首先要考慮的是重建信任。他最終也明白，修復信任需要付出相當的努力，於是就彼此之間的行事原則，他同意妻子的看法。他對卡蘿說：

「好，我知道為什麼我和女生相約喝酒會惹毛妳了，所以我想提出改變做法：如果我以後打算和公司同事或是生意夥伴一起去喝酒或是吃飯，我一定會提前讓妳知道，這樣妳就不會覺得我有什麼事情瞞著妳。」

由於尼克確實有正當的理由與工作上的男男女女相聚會面，是以他必須考慮自己會對妻子誠實的程度有多少？他也知道若每一件事情都據實以告，難保兩人不會吵架，而他實際上渴望避免任何衝突的發生。對於那些與女同事的秘密相會，他忍不住想方設法偷偷蒙混過去，但他猛然意識到，一方面試圖隱瞞秘密聚會，卻又同時想要與妻子建立信任關係是相互矛盾的。我告訴他：「我知道有不少人覺得自己可以恣意遊走多段關係且維持互不衝突。我也明白，與這當中的某些女性曖昧往來也許令你感到刺激有趣。但我從我的工作經驗中也體會到——保持簡單純粹是相對輕鬆的生活方式。你不妨問問自己：「假如卡蘿發現實情，她會有何感受？」如果你認為她會生氣難過，那你就有必要去衡量這對你來說是否值得？」

檢視自由

大多數的人都不喜歡被人管。我們認為「做自己」應該要受到信任和尊重。換言之，假如我們想和某人出去約會，就理當能隨心所欲。如果你是處於純粹四處約會、享受一夜之歡，無拘無束的單身狀態，那麼這種「完全自由」的想法也許行得通。但你得先決定你追求的感情究竟為何？你希望發展穩定長久的關係呢？還是只想隨興而為？你必須要認清你的選擇。若你擁有的是一段雙方都已做出承諾的感情關係，那你有必要問問自己，為了信守承諾，你願意放棄什麼？

每對夫妻或情侶之間願意接納的自由互不相同，當中並沒有什麼非遵守不可的原則。若要在自由的程度上取得共識，雙方需討論彼此願意做出哪些改變，以及能夠接納哪些事情。但這並不意味著其中一方必須要依從另一方的每一項要求，而是彼此也許能在某些部分做出合理的妥協退讓。我認識一對結婚多年的夫妻，妻子喜歡外出跳舞，丈夫則對跳舞毫無興趣。然而，他信任妻子，是以不擔心她會和其他男性共舞。如此的情況維持了好多年，卻沒有發生過任何出軌或是嚴重爭吵的事件。但同一情況就大部分的夫妻而言，可能會因此而面臨難以跨越的關卡。所以說，在彼此願意接納的自由上，並沒有明確的規則可循。

不妨以這樣的角度來思考「自由」：如果你可以隨心所欲追求逢場作戲、各取所需的愛情，那麼你感受到的將是膚淺表面的感情生活。相反地，如果你能做出維持長久關係的承諾，並建立起信任，你將能經歷深厚情感、忠誠、同甘共苦的經驗，以及彼此相依的未來。自由對你的意義與你看重的目標息息相關，也就是說，如果你重視享有隨興恣意的感情自由，那麼你最後得到的會是膚淺短暫的關係；而如果你的目標是經營深厚穩定的關係，那麼自由在這段關係裡就肩負著責任——奠基於信任與承諾的自由，也包含了建立信任與承諾的責任；這當中沒有任何一樣會憑空發生。

某天，尼克來到我的辦公室，他在沙發上坐下後，立刻聲淚俱下地說：「我不想失去我的妻子和孩子。真不敢相信我怎麼會做出這麼愚蠢的事！」他感覺陷入毀滅絕望的境地，因為他的妻子發現了他與某個女人互傳的曖昧簡訊。尼克明白他的婚姻岌岌可危，也意識到為了享有與妻子建立信任關係、家人和睦相處的自由生活，他就必須要重新審視自己擁有的其他自由，其中一項就是與別的女人相約喝酒、曖昧往來的自由。事實證明「**自由就是不自由**」——嚮往某一美好自由，就需放棄某種程度的自由。

有些人認為自己理當能為所欲為，而另一半應該要坦然接受。然而，換來的結果卻是信任感漸漸被侵蝕殆盡的破裂關係。喜劇演員羅恩·懷特（Ron White）回想起他的人生經驗時，曾如此說道：「不出軌的好處是你永遠都不會被逮到。」簡單純粹，往往是通往有意義人生的關鍵。

維繫穩定關係需要決定取捨。感情雙方都必須要考慮彼此都能接受的權衡結果為何。就如同生活中許多事情存在的道理一樣：**天下沒有白吃的午餐**。若你是感情裡產生嫉妒情緒的一方，你也許可以列出一些會引發你嫉妒的行為，並排列順序：哪些是你絕對無法忍受的，哪些是可勉為其難接受的，而哪些又是相對容易接受的？

而成為另一半嫉妒箭靶的你，或許有必要審視「承諾」對你來說意味著什麼？不妨將每一件你難以接受或是難以改變的行為，逐一寫下你之所以抱持如此看法的原因或理由。也不妨將彼此的感情視為你所珍視，並且需要彈性，而你也願意為之付出努力的事物。

回應另一半嫉妒情緒的方式

問題的癥結並不僅僅在於嫉妒，也在於感情雙方是如何去溝通嫉妒。當你覺得自己遭受指責時，你自然而然地會產生防備心、做出反擊、為己辯駁或是逃避以對。沒有人喜歡遭受批評、質問或懷疑。畢竟，你只是一個凡人，而且你覺得另一半對待你的方式並不公平，甚至充滿了敵意。然而，他（她）此刻經歷的情緒感受是真實無比，痛苦且孤單的——眼前這個你所愛之人，深愛著你，但也害怕失去你。

你也許問心無愧，但這並不是真正的問題所在。問題的困難點，在於你的另一半正苦苦應對因為害怕失去所愛之人而產生的強烈情緒之中。因此，你可以選擇以理解、關愛和尊重的態度面對。你如何回應嫉妒——應該是說，你們兩人回應嫉妒的方式——將決定彼此是漸行漸遠，或是藉由共同設法解決問題、互相理解包容，而為兩人帶來更多的信任感，也使關係變得更加緊密。

在你覺得對此無計可施，決定放棄之前，不妨考慮和另一半一起努力，看看是否能將問題轉化為增進彼此溝通、解決問題和傳達關愛情感的契機。嘗試去做也不會有什麼損失，對吧？

不妨這樣想：另一半的內心被焦慮、生氣、害怕的情緒淹沒，而他（她）可能會猛烈抨擊你，對你大發雷霆，但這也許是因為這是他（她）此刻唯一能採取的反應方式。退一步觀察，並試著理解與接納。面對在嫉妒情緒中掙扎的另一半，以下是關於如何應對的建議：

- 認知到對方的內心暫且會充滿嫉妒情緒，是以暫時試著去接納
- 關心對方的情緒感受

- 表達關愛，並試著讓對方明白你的感同身受
- 重新敘述對方的表達之意——你不需同意對方，只需正確聆聽
- 在對方的訴說內容中，找出有其合理性之處。譬如，你能理解為什麼他（她）會產生不信任的感受
- 承擔你在問題中的責任
- 表示在此情況裡絕大多數的人也會有相同感受
- 認知到對方此刻的情緒將會平息消退
- 想想彼此共有的美好經歷與正面情緒
- 別試圖說服對方轉換心情——接納這些情緒是他（她）此刻的一種自我表達
- 向對方保證你會陪伴在旁

有些伴侶不願改變自己的行為，因為他們也許真的沒有做出任何對不起另一半的事情。雖然可以理解，但感情關係往往需要我們去思考彼此願意做些什麼，以尊重彼此的情緒感受與需求。

繼續努力

別以為嫉妒會永遠消失，況且它也未必有消失的必要。彼此共有的感情房間裡，有許多回憶、想法、感受，以及兩人過去、現在和未來的經歷。它時時刻刻都在成長、改變。為嫉妒騰出一處空間，是以彼此都能接納嫉妒情緒的來來去去，但也別忘了，除了嫉妒外，房間裡還有許許多多其他的東西。

在兩人共同解決問題的過程中，也不妨暫時將嫉妒擱置一旁，一起計劃生活吧！有時我們會深陷在痛苦情緒的泥淖之中，並在原處不停打轉。然而，你可以接納這些情緒的存在，但同時也能一起計劃生活。

戴夫和蘿拉這陣子的相處重心，都專注在處理戴夫的嫉妒情緒，彼此很少再一起從事積極正向的活動。我建議他，為了建立彼此的情感連繫，他們應該要一起去做一些有趣好玩的事情。戴夫雖然感到嫉妒，但他知道自己想要好好經營這段感情，可是又想：「她這樣傷害我，我哪能再和她一起去計劃什麼生活？」我建議他理解自己有合理的理由產生嫉妒感受，但除此之外，他對蘿拉也還有很多其他的正面感受，像是愛、性慾、陪伴……。只因為她引發你的嫉妒情緒，並不代表你就得拋棄彼此的情感連結。我提議來嘗試看看**相反行為**——也就是說，試著表達出愛，來取代敵意與懷疑。這對戴夫來說並不容易，因為他認為自己有權利表現他的真實感受（是的，他的確有權利）。但同樣地，他也有權利轉換情緒，讓關係變得更美好。因此，他和妻子一起準備晚餐、一起購物、一起觀賞彼此都喜歡的影集。當兩人之間正面的情感關係增強時，戴夫感受到的嫉妒強度也隨之減少了。

即便你的內心受傷了、即便你有合理的理由產生嫉妒情緒，但這並不意味著你就得放棄。甚至是在經歷過很糟糕的情況之後，你仍可以繼續努力讓事情有所好轉，而這也許就是所謂的進步。

嫉妒未必象徵著關係邁向結束。如果兩人能將此作為相互傾聽、溝通、扶持，以及展現關愛的機會，那麼這段感情就能朝一個嶄新的方向前進，也能建立起更多的信任、理解和承諾。瞭解自我的嫉妒情緒，有助於你療癒那些曾將兩人引入錯誤方向的痛苦與恐懼。嫉妒是人皆有之，是親密關係的一部分，也是你看重承諾與誠信的表態。如果兩人能一起共守蠟燭，將恐懼化作關愛，彼此的關係將變得更穩固。過程並不容易，且需要付出很大的努力，但若能同心協力，彼此肩上的包袱就不會那麼沉重，手中的蠟燭火光也將帶來更多的溫暖和明亮。

第十一章
揮別過去，不再為前任吃醋

喬許為了要參加某場派對而感到焦慮，因為他知道茉莉的前男友——艾蒙也將到場。他為了這件事既擔心又生氣，也不知道自己屆時會有什麼反應，他滿腦子只想到茉利和艾蒙曾經上過床，而這股念頭令他嫉妒得氣惱。他知道茉莉當初是因為覺得艾蒙是個控制狂又愛批評，才提出分手。茉莉告訴喬許自己完全不想跟艾蒙複合，卻仍無法安撫喬許。「我知道我一看到他就想朝他臉上揮拳。」喬許知道自己這樣不對，也很清楚茉莉和艾蒙六個月前就分手了，但此刻種種憤恨情緒還是高漲得讓他難以忍受。

很難想像我們當中有誰沒享受過一段浪漫、一場歡愉，或者對誰鍾情。這年頭，我們不再推崇薇絲塔貞女*，也不再倡導普世貞潔的理念，卻依然有許多人想到身旁伴侶的前任、與前任交往

* 薇絲塔貞女（vestal virgins）是神殿中守護神火的年輕未婚女子，在羅馬時代備受推崇。

的畫面就覺得難以忍受，想著自己的情人曾經有過別人、他們曾做愛或相愛，因而感到苦惱。

如果你有過類似經驗，可能是因為你拿自己和那位素未謀面的人做比較。你會開始想一些有的沒的，像是「不知道他和她做愛有多歡愉」、「他當時給她的愛八成比現在給我的還多」、「他一定還在想她，而且拿我和她比較」。在做這些比較的時候，你或許會覺得自己的情人仍難忘舊情、想和前任在一起，或幻想與前任相處。

在這個章節中，我們就要來檢視，糾結於對前任的醋意如何控制你、讓你無法享受當下。我們會看幾個「回溯性醋意」（retrospective jealousy）的例子，說明回溯性醋意與完美主義、對純潔的幻想有什麼關聯性，以及你現在可以採取哪些有效的行動，讓自己接受過去已成事實，並好好活在當下。縱使你不是情人此生的**唯一**，依然可以是他此刻的真愛。請看下列說明，試想有沒有哪一點說中你的心。

- 我常常會想到情人以前有過其他人。
- 一想到這件事我就不舒服──焦慮又擔心。
- 我會去想現任伴侶和他的前任關係是否更好。
- 我希望自己是伴侶的唯一，他只享受過這段關係、只愛過我一個人。

倘若有任何一點符合你的想法，那你可能正身陷**回溯性醋意**之中，即使目前這段關係維持得很好，你還是有可能會在意另一半的情史，拿自己和對方的前任做比較，並因此感到焦慮與憤怒。本章節就來探討一下為什麼滿是醋意的你會出現這種糾結、焦慮與憤怒的情緒。也要分享幾個小技巧，幫助你把自己抽離過去的漩渦，畢竟要享受當下，就得揮別過去。

「我想當那個唯一。」

會期待伴侶只愛自己，或是只享受和自己做愛，這種想法似乎再正常不過。對一場戀愛的期待，本來就包括希望自己對情人而言很特別，而且是**絕無僅有**的特別。我們往往相信伴侶和自己在一起的時候，就不應該再為他人傾倒，當回溯性醋意作祟，我們甚至會認為過去也沒有任何人曾讓他動心。這是一種**「浪漫完美主義」**（romantic perfectionism），我們相信目前這段關係要稱得上獨特，在我們的腦中就容不下任何一段曾經。我們瘋狂信仰純潔，彷彿身邊的這個人被他過去的行為玷汙了，但這樣的假設只會讓自己過得悲慘無比。讓我們透過以下幾個問題，來檢視你的邏輯：

- 為什麼你的伴侶不該有和其他人享受性愛的經驗？

- 是因為你預期他只被你吸引嗎？
- 你覺得自己是唯一可以燃起他性慾的人嗎？怎麼會有這種事？
- 為什麼你應該是世界上唯一性感的人？
- 你的伴侶是唯一讓你動心、讓你享受性愛的人嗎？
- 如果不是，難道就代表你不值得信任？這種想法實際嗎？
- 性功能正常的人曾經和其他人上床，難道不合理嗎？
- 畢竟你十之八九也和別人燕好過，這難道意味著你的情人也要備感威脅？

這套邏輯如同在說全世界的人當中，你的伴侶想要擁有的只能是你。想像一下這件事情若是真的，全球六十億人當中，你的伴侶就只能被你滿足，亦即在他走過的這二十、三十年來，從來沒對誰動情，直到你出現，世界瞬間改變。

我把這種想法稱為**「慾望完美主義」**（desire perfectionism），換言之，你的另一半這輩子就只能想與你做愛，不曾意淫過別人。回想伴侶過去的戀情，與他當下可能擁有的幻想和慾望，我們往往會燃起慾望完美主義，這樣的心態源自於**純潔幻想**（purity illusion）——相信真愛需要純潔與初戀。這是一種幻想，因為現代社會中的成人已經不受宗教與文化禁忌所束縛，而這兩者過去都曾被用來懲罰甚至殺害女性，但如今，我們已經邁入二十一世紀。

從不同的角度檢視你的醋意

讓我們進一步檢視這套邏輯。假設你和你未來的另一半都已年屆三十，你們一見面，這位新朋友就告訴你，「我今年三十歲，從來不想與世界上任何人做愛，我曾經交往過好幾個男人（女人），沒有人可以燃起我的性慾。但我剛剛發現，你讓我慾火焚身了！」

你做何感想？首先，你可能會認為他針對自己的過去撒謊。或是你會懷疑這個人如果真的不曾被誰吸引、受誰挑逗，那一定哪裡出了很大的問題。你可能會想：她是不是極度憂鬱？她會不會不確定自己的性向？健康是否出了狀況？倘若是因為這些原因造成她不曾有過性慾，你對於你們的未來有什麼期待？她對你的渴望是否值得信賴？越聽越不真實，但當你抱持著純潔幻想與慾望完美主義的時候，這或許恰恰是你所設想的光景。

易位思考

讓我們來檢視一下你的自身經歷。遇到現任之前，你是否對其他人起過性慾、曾經共度春宵？你應該為此感到愧疚嗎？也許這僅僅代表你和其他人擁有過健康、正常的關係，你的現任伴侶應該為此而對你產生懷疑嗎？

回想一下你過去開心的經驗，當時不快樂嗎？問問自己當時的快樂是否意味著你就無法去愛、去衷情於現任伴侶。或者說，和前任之間的快樂代表你現在不能自我把持。你會經常找前任做愛嗎？為什麼不？不這麼做或許是因為對你而言，過去**已經過去**。

喬許戀愛經驗豐富，卻擔心自己和茉莉的前任在派對上同框。當我問他，茉莉是否也該介意他過去的戀情，他急於辯解。「她為什麼要擔心？我愛她！那些感情都是過去式。」我問他這樣的說法是否也適用於茉莉，她的舊戀情也只是過去，已經畫下句點。喬許頓了頓，心不甘情不願地說，「我想你說得有道理，她要擔心的事情跟我一樣多。」

一段戀情會畫下句點，通常是因為某一方或雙方認為不值得再攜手走下去，舊戀情的結束，才開啟了你和現任交往的可能。

「回溯性醋意」隱含的規則

雖然我們多少會對現任的前任吃醋，但有些人卻飽受那些過去的糾結而煩惱困頓。當我們進一步探討這種回溯性醋意背後的邏輯，會發現有幾項戀愛規則加深了醋意，不妨想想或許讓你煩惱的不是過去，而是那些你自己設下的惱人規則。以下是幾個例子：

- 我應該是情人唯一想擁有的人。
- 如果另一半曾經和他人共享魚水之歡，他就可能回到前任身邊。
- 如果她曾經享受與他人翻雲覆雨，就會為了另一個人離我而去。
- 另一半和前任之間有過快樂的回憶，對我們現在的關係而言很危險。

假使你相信上述回溯性醋意的規則中，其中一項或多項內容，會怎麼樣？你會因為某個不可能發生的狀況感到困擾，甚至受挫。你對自己的情人會為了前任或是未來出現的某個人和你分手而感到憂心忡忡，因為過去的事情使你備感威脅，你會發現自己不斷測試對方、質問他、限制他的行為。但過去永遠不會消失，因此你將被某件無法改變的事情所束縛。

演化觀點

有一種看待過去情慾與關係的方法，是從演化的角度來進行分析。會演化出性慾，是因為物種需要適應環境，對多個人產生性慾是一種適應的結果，因為唯有如此我們的祖先才能繁衍後代，如果每個人只對一個人產生衝動，卻從來沒有遇到讓他想上床的那個人，生物就無法繁衍。從演化的角度來看，認定自己是伴侶唯一想要的人或唯一可以從做愛中獲得滿足的對象，實在有點奇怪。

你或許會認為另一半過去——或目前的——性慾必然會讓他採取行動。喬許問我，「如果茱莉對艾蒙還有所渴望，要怎麼讓她不去找艾蒙複合或是跟其他人有一腿？」我觀察到喬許認為茱莉的慾望、記憶甚至幻想都會威脅到他，喬許相信茱莉會被欲望所操縱、無法控制自己，這就像是我們之前提到的**「思考行動混淆」**，「只要茱莉有慾望，就必然會採取行動。」我建議他用同樣的想法檢視自己。

鮑伯：你多常遇到吸引你的女性？

喬許：（笑）每天。

鮑伯：你和茱莉交往後，劈腿過幾次？

喬許：從來沒有。

鮑伯：這是不是代表慾望或幻想與行動之間未必相關？

喬許：對。

鮑伯：為什麼你有幻想與慾望卻沒有採取行動？

喬許：我會覺得另一個女生很正點，甚至意淫她，但我真正愛的是茱莉。如果想到什麼就採取行動，會把事情搞砸，我不想把自己的人生變得複雜，太不值得了。

鮑伯：茱莉有沒有可能也經歷過這一串反思與抉擇？她或許會想起和艾蒙做愛的經驗，甚至想起做愛時的美好，但最終認為這不值得。擁有某些想法或感受，與實際做決定、採取行動之間有很大的差異？這不就是你每天經歷的事嗎？

納森是個婚姻美滿的男人。他曾為自己的婚姻、為自己擔心，因為他在星巴克遇見讓自己心動的女人，那是去年的事情，因為正值春季，不少女性穿著較為暴露，他覺得很性感，因此開始擔心，「如果我覺得這些女性性感，那我的婚姻一定出了問題。」我問他，什麼事情令他擔憂。

納森：我擔心自己會把持不住，和其中一個人搞外遇。

鮑伯：為什麼你還沒外遇？讓我們順一下這幾個步驟：你看到漂亮女性，接著上前搭訕，你發現對方上鉤了，兩個人開始私會，你背著老婆偷吃、買了兩支手機——一支談公事、一支談新戀情——你和情婦在飯店幽會，這一段情持續了好幾個月……

納森：我絕對不會那麼做！

鮑伯：為什麼不？你剛才不是說這些女性中，某些人會挑起你的慾望？

納森：（再加強語氣）我絕對不會想把人生搞得那麼複雜，我絕對不會傷害自己的老婆和小孩。

我想這樁案例清楚反映我們可以擁有幻想與慾望，並做出對抗那些慾望的決定，因為我們有更重要的東西要守護——在納森的案例中，就是婚姻。

設定實際的規則

看過了上述交往規則，讓我們來改寫一下，設定更實際、可行的規則，才不會摧毀你現在的關係。以下是我的建議：

- 我不會是情人這輩子唯一想交往的人。
- 另一半曾經和其他人開心滾床單，不代表他就可能吃回頭草。
- 如果另一半曾經享受和另一個人做愛，那她應該也會喜歡和我做愛。
- 現任與他的前任有過美好的回憶，不會威脅到我們現在的關係。我們每一個人都會自然回憶起過去的美好光景，這就是回憶存在的意義。

「如果我的情人曾經渴望過那個他，現在又怎麼會想要我？」

我們來檢視你那「二選一」與「非黑即白」的二分法邏輯。你或許會這麼想，「如果我的情人曾經對另一個人動情，不管是過去或現在，都代表他對我完全沒有慾望。」這也是一種慾望完美主義，在完美主義的框架底下，你只能擁有一種欲望，而這份慾望會消除其他情慾。

我們用食物來比喻。假設你熱愛某種加了龍蝦的紅醬義大利麵，那是你的最愛，但餐廳的龍蝦已銷售一空，因此服務生就跟你說他們的茄子帕瑪森起司麵也很好吃，菜單上還有許多其他美味選擇。你會跟他說，「你怎麼可以跟我談紅醬龍蝦麵以外的東西？」然後轉身離開餐廳嗎？

同理，你的伴侶過去或許曾經愛過某個人，但那一段關係已然結束，或許他們最終決定無法忍受彼此，但你的情人偶爾可能還是會想起和前任的美好回憶——或許是選擇性地記得快樂時光。這是否代表她對前任的慾望和幻想會讓她無法在此刻對你產生慾望？慾望與幻想不用二選一，他們不會互斥，你可能會發現自己對某個人有所幻想，但依然能享受與現任伴侶的親密。兩者可以並存。

「或許另一個人是比我更好的情人。」

讓我們檢視一下你的恐懼，你害怕身邊的人會覺得前任比你還好，如果是真的呢？這是喬許的其中一項擔憂。

喬許：我不知道茉莉和艾蒙確切的交往狀況，但有時候會擔心茉莉覺得艾蒙是比我更好的情人。

鮑伯：如果那是真的，代表什麼？一定代表你的情人對你不滿意嗎？難道一段關係一定要是最好的，才能令人滿意？

喬許：（思考一下）我和茉莉的性事通常蠻順利的，但有時候她還是會太累或沒興致，那種時候我就會懷疑她對我沒興趣了，認為她會開始比較我們的關係與她和艾蒙的關係。

喬許這是受**「性事完美主義」**（sensual perfectionism）所苦，他相信只有最完美的性經驗令人滿意。因此，喬許假設茉莉曾經和其他人有過完美的做愛經驗，且必須享受那種完美的性愛才會快樂。

讓我們用一個簡單的例子來談這件事情吧！想像一下五年前你去了世界上最棒的一家餐廳，吃到人生中最美味的餐點，這是否代表你之後再也不能享受任何一餐了？比較精確的答案應該是你在那之後又品嚐了許多餐點，未來也會繼續嘗試更多菜色，你喜歡那些餐點也感到滿意。「最好」未必是**所有其他選項**的敵人。

假設讓你滿意的經驗只有人生中最棒的一次，再想像五年前你經歷了人生中最美好的一次性愛，依循著你完美主義的邏輯，從那之後你再也無法對性事感到滿意或從中得到快樂，接下來每一次交歡你都不滿意，只覺得很悲慘。這合理嗎？有沒有可能令人滿意、令人快樂的經驗範疇很廣，也沒有絕對最棒的經驗？想像兩個相愛的人剛辦完事的對話：

男人：剛剛太棒了，妳覺得呢？
女人：很不錯，我也很享受。
男人：這是你人生中最棒的一次性愛嗎？
女人：很難說，但這次很不錯。
男人：什麼？意思是說妳和其他人有過更好的經驗？
女人：我想不到，但有可能吧！
男人：喔！這我可受不了。和我做愛一定要是妳最歡愉的一次，每一次做都是最好的，一定要超越之前的經驗。
女人：這也太不切實際了吧？
男人：什麼！妳不愛我嗎？
女人：我當然愛你，但你剛剛說的話聽起來很莫名其妙。

或許這段對話中的女人講得有道理，要求完美並且講求最好，是一個很奇怪的標準。每一段經驗的快樂程度總難相同，實際上，如果你經常享有歡愉的經驗，那五年前發生什麼事情根本不重要。性愛的重點是當下的愉悅，不是要創下幾年不墜的世界紀錄。

「我沒辦法不去想！」

許多為回溯性醋意所苦的人會糾結於自己幻想出來、現任伴侶的過去經驗。他們不斷想像現任和他的前任之間創造了多少刺激又有意義的回憶，並且認定現任的舊戀情一定會影響到現在這段感情。看看以下幾點，問問自己是不是被說中了。

- 我經常想到自己的情人在遇到我之前，曾經和其他人開心做愛。
- 我無法不去想這些事。
- 一想到她過去的快樂經驗，我就覺得很煩惱。
- 我一直覺得他可能在回味過去。
- 如果現任真的在回憶過去，就代表我們的關係出了問題——甚至已經完蛋了。

或許你也有過上述某些甚或全部的想法，它們在你腦中揮之不去，你甚至會在腦中幻想情人與前任相處的畫面，你或許會覺得因為自己浮現了這些想法，代表某件具重大意義的事情發生了

——而且是壞事。你現在的關係某種程度上來說被過去玷汙，你甚至可能認為因為情人擁有這些經驗，讓你成了備胎、比賽中的安慰獎，而你對此無法忍受，你受不了這些想法的入侵，如果不把它們趕走，就無法享受現在的關係。你試圖把種種念頭逐出腦外，它們卻始終陰魂不散，繼續碎唸你、控制你，不管你去哪裡，這些思緒總如影隨形。

何不就接受你確實抱持這樣的想法、會想起那些畫面？它們可能只是再自然不過的好奇心，你可以試著把它們當成是這段關係中、**「共同記憶」**（collective memory）的一部分：如同你會想起這些事，你的情人或許對於你的過去也有類似的想法與想像，或許這就是戀愛中必然存在的一環，畢竟當我們對交往中的對象感到好奇，自然會想了解對方的過去。當你接受了這些想法，就可以使用刻意抽離的方法，對著它們如是說：

「啊！我又開始想像情人的過去了，我發現大腦散發出這個想法，而我清楚地看見它就在那裡。我的大腦運作的方式真有趣，散發出各種思緒與畫面，我可以接受這些想法，他們很自然，每個人都有過類似經驗，而我可以觀察這些想法，理解他們只是**思緒**。我可以把自己的注意力拉回當下，可以感受自己的呼吸，讓我把『他有個前任』的想法吸進來，再吐氣，『我讓它走』。這是不間斷的千頭萬緒、心理事件，大腦中的內容物，我不需要消除它們，可以與之共存。」

開始練習刻意抽離：退一步、觀察、接受，不要試圖控制這些想法，也不要判斷是非對錯。當你這麼做了，或許會發現那些想法更能自由流動，來去自如，不會控制你的思緒。你或許開始意識到自己能和這些想法在同一個世界裡生活，不需要擺脫他們，也不需要花大把時間想著它們，它們只是想法。

提醒自己你現在的關係在**當下**，你可以給另一半溫暖、愛、熱情，即使你會想起並幻想著他們的過去。

抵達當下

如果要積極接受過去呢？能不能把情人曾經受他人吸引、與他人享受床第之歡看成**既定事實**？當我們積極接受某件事，我們不會評斷它或控制它，僅是試著與它共存，接受**它是現況**的事實。它現在是——**就是**，它曾經是——**曾經**，**這裡是現在**。

想起過去，你會接受它並自問，「既然過去已是事實，我和情人現在還能做什麼？」嗯，你們還是能夠建立一段快樂、親密、有意義的關係。你們可以一起創造特殊的回憶，是你和他獨特的記憶，是她與你共度的時光。這不是你人中唯一的光景，但是是當下的景況，也是我們獲得快樂的來源。以下有幾個讓你抵達當下的方法。

把焦點轉向當下

環顧四周，此際你看到什麼？專注於某樣東西、一件物品，並對自己形容那樣東西。我看到一幅抽象畫，畫中有灰色圖樣，最底下有些米色與暗色區塊，這幅畫表現的是窗戶中的倒影，那就是我的當下、此刻。把焦點轉向當下就這麼簡單，而你就此把過去留在過去。

放下過往

你已經好一段時間和過去拉扯，想像你此刻的想法，「我會試著放下情人的過去，我會試著活在當下。」但你同時發現關於她或他的過往一再襲來、在你耳邊呢喃，操控著你。

現在我要你想像這些關於過往的思緒都被放進一顆大氣球裡，一陣風把你吹上天，而你拉著氣球的線，這顆裝滿對過去的醋意的氣球把你拉離地面，但你不想被拉到天上去，不想被帶走。

當你雙腳離地，你放開那條線，氣球就帶著你的醋意冉冉升天，隨風而去，與你漸行漸遠。你目送著那顆氣球，覺得自己獲得解脫，過去就這樣飄走，留你在原地——在當下——你的雙腳安穩地踏著地面。放手，讓你可以邁出下一步。

放開那顆氣球。

此際，你只能談一段情

你和你的情人多常為了過去吵架？你提到他過去的行徑，甚至是你們相遇之前的舉動，像是控訴他或她的罪行。你說起他曾經的作為、過往的傷疤、曾有的懷疑，然後你不斷想著這些事情，和另一半爭吵，擔心著那些事情所代表的意義，卻沒有發現你就這樣錯過了活在當下的機會。這就像是你到了自己的愛店，入座以後花了一個小時抱怨兩年前某道難吃的食物，最什麼都沒點。然後你走出餐廳，不解為什麼肚子還是那麼餓。

在你踏入這段關係之前發生的事情只是**資訊**，這項資訊或許與你們當下如何相待毫無關聯。不會有人說，「我們關係很好，因為花很多時間討論她在遇到我之前的所作所為讓我多困擾。」一段良好的關係仰賴的是此刻彼此如何互助互信、相互接受。**你們的關係是現在進行式**。

過去永遠與我們同在，但只有當下讓你可以愛身邊的人並享受被愛，唯有活在當下才能享受生活，因為每一刻都稍縱即逝。

第十二章
「一言難盡」——走過不忠

有時候，會吃醋也是天經地義。因為信任受到衝擊而產生醋意，是一種健康、自我肯定的反應。本章節將提供幾個選項，讓你在伴侶不忠的時候進行檢視，反思這段關係並考慮下一步要怎麼走。

不要忘記，不管伴侶對你是否忠誠，你都得繼續過自己的人生。被嫉妒心掌控、心心念念、各種糾結、為已發生的事情惱火，感覺羞愧、受挫、失去希望對你沒有好處，即使遭受背叛，你還是可以學著把情況處理得更好，或者假使雙方還願意攜手努力，可以想辦法挽救這段關係。要怎麼做全由你決定——重點是要記得你有選擇。讓我們來看一下某位女性的案例，她因為老公的行為而吃醋。

艾莉絲懷疑保羅和同辦公室的琳達有一腿，她認為兩個人的關係超乎公事。我遇到保羅的時候，她告訴我艾莉絲的懷疑毫無根據，他只把琳達當朋友，琳達也已經離職、換了新工作。但隨著保羅對我越來越信任，他對我坦承自己曾經和琳達睡過幾次，他告訴我，他和艾莉絲越離越遠，他覺得兩個人幾乎沒有共通點了。孩子離家後，保羅發現自己和艾莉絲的溝通狀況、親密程度每況愈下，因此轉向琳達尋求親密感。艾莉絲持續和他起衝突，直到她在保羅的手機裡翻出一則簡訊後，保羅終於坦承外遇。艾莉絲極為憤怒、悲傷，並說出自己無法想像兩人要如何走下去。

情況如此艱鉅，仍沒有終結兩人的婚姻。他們一起努力，同時接受夫妻心理治療與個人心理治療，我們一起訂出兩個人都必須同意的準則。首先，他們同意保羅不能再和已轉換職場的琳達見面，也不能和她聯絡，包括：簡訊、電話或會面。第二，保羅必須告訴琳達他們之間已經結束了，他要好好為自己的婚姻努力。第三，保羅和艾莉絲都要定位出他們未來想要怎麼樣的關係，像是要如何溝通、有哪些共同活動、如何相互扶持與尊重。第四，他們必須想出一個計畫，提出兩人如何攜手合作、解決問題：不再互相指責，不逃避或冷戰，也不敷衍對方。

在本章節中，我們將討論出軌露了餡之後發生的事。當我們覺得被背叛，嫉妒心會格外強烈，信任崩壞引發一連串的思緒，關於自己、關於他人、關於未來的關係，讓我們來看看你可能會出現哪些想法與感受，以及如何排解這些情緒。這場危機可能是個轉捩點，我們要來探討有哪些方法可以打開大門，讓你離開這段關係（假設那是你的選擇），或是改善這段關係。你會發現信任一旦被破壞就很難重拾，但並非毫無可能。你和你的另一半對於重拾信任或許百感交集，但即便清楚心中仍有些不信任，還是可以一起努力向前走。我們來檢視一下信任受破壞後，有哪些可能的結果。

危機可能是轉捩點

外遇被抓包是離婚的前幾大肇因。重建信任很困難，有時候感覺根本不可能。很多夫妻會認為外遇是壓倒駱駝的最後一根稻草，因為外遇其來有自，會外遇是因為一段關係開始惡化、雙方溝通不良、越來越少共同興趣，導致對其中一方或雙方而言，這段關係的價值降低了。這種說法不是在合理化外遇，也不是要責怪遭到背叛的那一方，承諾很重要，信守承諾更是至關重要。但人不完美、會犯錯、會遇到問題，好人也會誤入歧途，也會令人失望，那些愛我們的人也可能傷透我們的心。

我曾看過夫妻因為外遇見光而分手，也曾見過夫妻因此關係更加緊密。沒有輕鬆的路可以走，你得自己衡量之前發生了什麼事、代表什麼、你們雙方希望怎麼做。

你可以把曝光的戀情當成轉折點，也許它給了你足夠的動力告別？這件事是否意味著你們兩人在交往多年後，終於得分道揚鑣？或許是，但並非必然。這起事件也可能代表你們面臨危機，而在這場危機中，你終於意識到自己有太多事物難以割捨、因而無法轉身離去。在失望、背叛之後，你們總算有了重建關係的動力。

外遇成為兩段關係的分水嶺：一段走向外遇的關係，與一段外遇後重建的關係。你絕不想回到那場以外遇做結的關係，是吧？或許這是你展開新關係的機會——和身邊的這個人。如果一段關係之中出現第三者，你要想想這段關係中缺少了什麼——不是責怪自己或對方——而是去了解哪裡出了問題，才能去想若有可能，兩個人該如何解決問題。

清楚定位承諾等級

有時候我們常搞不太清楚每個人承諾的輕重。

溫蒂和賴瑞交往幾個月了，經常做愛。溫蒂認定兩人都同意這是單一伴侶關係，但並沒有明確討論過。當她發現賴瑞同時與其他女性交往，她暴怒了，也覺得自己被背叛。可以理解溫蒂的感受，因為通常兩個人會有親密關係，就代表某種承諾，但並不是每個人都這麼想。

第一件要弄清楚的事情，是兩個人對於其他關係的定位是否有共識。有些人認為性伴侶就是「砲友」，也就是可以做愛但不承諾對對方忠誠的關係，如果你們達到這樣的結論，那請誠實面對自己，確定你是否真的能接受性愛分離。有些人接受「開放式關係」，在這段關係中兩個人都可以各自找尋其他對象，但我很少看到開放式關係走得很遠，通常都會有其中一方開始渴望專情與承諾。因此，請誠實檢視自己的心態，如果會吃醋，或許你並不如自己所想的精於世故。

談到承諾，也要聽聽對方怎麼說。如果你現在的對象認為他／她還沒準備好做出承諾，請聽進去，不要只因為**你準備好做出承諾**，就期待對方會做出承諾，也不要擅自認定上床是一種承諾。

對彼此坦誠，講清楚承諾對你的意義。承諾是否代表你不會與他人約會？或是你不再與其他人做愛？承諾是否代表你們會經常見面？有些人一聽到你談承諾就會受到驚嚇或瞬間冷掉，他們會說，「不要給我壓力。」如果你收到這樣的回覆，就知道對方並非真心要承諾專情於你，你可以在此基礎上思考自己的選擇。你得決定自己想不想繼續一段單方面投入的關係，也不應該把對方沒給過的承諾視為理所當然的存在。

試圖讓對方感到愧疚或威脅他，沒什麼效果。逼迫某個人做出承諾或許可以在當下得到結果，但對方可能不會遵守這項承諾。或許他／她只是需要多一點時間做承諾，而你要判斷自己願不願意等，你永遠可以說，「我想我們追求的不同。」並接受持續下去只會讓你更加沮喪的事實。要留下或者離開，決定權在你。

回應不忠

假設你們雙方都同意承諾就包含對彼此忠誠，而你和交往對象之間還沒有做出長遠的承諾，你可以試著判斷對方是否願意努力建立信任。其中一個判斷方式就是觀察對方在劈腿被抓包的時候，做何反應。

- 他會責怪你嗎？「感覺妳從來不享受性愛或和我相處。」
- 她會極力淡化另一段關係嗎？「我跟他沒什麼，就只是一夜情。」
- 他會指責妳太神經質或沒安全感嗎？「妳就是愛吃醋又沒安全感，妳要自己放下。」
- 她會表現出自己可以為所欲為的態度嗎？「你沒有資格管我要做什麼或和誰見面。」
- 他會試圖以喝醉酒或壓力大來替自己的行為開脫嗎？「真的沒什麼，我當時喝醉了。」或「那時候我真的過得很痛苦。」
- 她會選擇冷淡、告訴你她不想談嗎？「我不想討論這件事，談下去只會害我們吵架。」

上述這些敷衍的回應最大的問題在於它們只會讓你更不信任對方，覺得自己被排除在外。當我們被某個人傷害，最不樂見的結果就是為了對方的錯誤被責怪、否定或羞辱。

以下是個回應錯誤的例子。德瑞克幾年前來找我諮詢，他抱怨自己的老婆一直抱怨他跟別人上床。他跟我說，「我告訴她那根本不代表什麼，我喝醉了。但她就是放不下。」他問我自己應該對她說什麼，她才有辦法「放下」。我告訴德瑞克，無視老婆的感受，並一再以喝醉了為藉口合理化自己的行為，只會讓老婆更不舒服，而且絕對不可能建立信任。他的行為完全是在說對方的不是、替自己開脫，以下是我們的部分對話內容。

鮑伯：為什麼你不跟她說，你的行為很不妥，她完全有資格對你生氣，而你只能期待她終有一天會原諒你？你可以說，你發現自己沒有資格被原諒，原不原諒全操之在她。

德瑞克：（笑）你知道嗎？你說對了，我真的就該那麼說。

鮑伯：如果你老婆出軌，你會有什麼感覺？如果她用喝醉當藉口合理化自己的行為，你會怎麼想？

德瑞克：我會超級生氣，無法原諒她。

鮑伯：嗯，那就是你矛盾的地方。我知道你想和她繼續走下去，也認為你真的很愛她，但不斷替自己找藉口、要她放下，沒辦法讓你們和解。你不能表現出一副她一定要原諒你的樣子，實際上選擇權在她手上。

逾矩之後，你的另一半還有很多更好的回應方式，包括：

- 承認自己真的錯了。
- 誠懇地表示自己為了做錯事感到非常抱歉。
- 告訴你，你值得更好的對待。
- 展現出他為自己的所作所為感到愧疚或羞恥。
- 願意和你談你的感受。
- 承諾會努力修復這段關係中的信任。
- 展現出努力為雙方改善這段關係的意願。

對你而言，不忠代表什麼？

當你被背叛，自然會對自己和這段感情的未來產生懷疑。看看下列幾點，有沒有哪一項符合你的想法，接著我們就要來仔細檢視每一個項目。

- 我的伴侶會找別人是因為我不再有魅力。
- 另一個人一定有我沒有的東西。
- 我看起來像個呆子，其他人都覺得我是個輸家。
- 我永遠走不出來了。
- 我再也無法相信身邊那個人。
- 這代表我們的關係自始至終都是在浪費時間或是一場騙局。
- 我再也無法相信任何人。

「我的伴侶會找別人是因為我不再有魅力。」

一個人會出軌的原因很多，但就我的觀察，通常不包括上述那一點。大部分的人會出軌都是因為：

- 與現任關係劍拔弩張。
- 追求新鮮事物與禁忌之事的刺激感。
- 相信自己可以脫身。
- 無聊。

- 渴望生活更多采多姿。
- 相信每一段關係可以完美切割。
- 試圖滿足自尊心。
- 缺乏遠見，不顧後果。

舉例而言，某個男人深愛妻小，他抱怨自己下午在辦公室裡閒得發慌，這時候就會去按摩店享受「輕鬆而簡單的性愛」讓他把瑣事拋諸腦後，他覺得這是放鬆的方式，卻被老婆發現了，造成婚姻中極大的衝突。我們幫他想了其他方式來消遣，並想辦法讓他好好記得做這些事情有風險。

另一位男性外遇的理由是他認為自己有權利決定做想做的事，因此和老婆起了口角。這個人外遇和老婆性不性感無關，某些層面上來說，外遇是他被動攻擊型人格的一部分，而且他誤以為自己永遠不會被抓包。他的女朋友終於無法忍受而打給他老婆，差點造成家庭革命，他還為此大吃一驚。

「另一個人一定有我所沒有的東西。」

另一個人具備了哪些你沒有的特質？或許是新鮮感、對禁忌之愛的追求、刺激或多元性，又或者你的另一半覺得和小三在一起更不受威脅、不用負責任，或是可以聊得更開，因此受到吸引。有位外遇多年的男士說，「我絕對不會為了情婦離開我老婆，這只是額外的享受。」

有些人確實會為了外遇對象和原配離婚，但我觀察到的現象是，婚外情往往不會開啟新的婚姻，而是為了追求刺激、新鮮感和找尋另一個出口。就像某個男人說的，「有另一個人的存在，我就不需要那麼依賴我老婆。」當然，在他女友打給他老婆之後，他就改變想法了。

「我看起來像個呆子，其他人都覺得我是個輸家。」

現在沉思一分鐘，有個人騙你、背叛你，而你覺得這件事情讓你看起來像個呆子？我的經驗是其他人多半會譴責那位背叛你的人，如果有什麼情緒，那也是同情你，甚至想替你辯護。背叛你的人才是毀掉信任的人，不是你，如果你擔心其他人會因為你的另一半偷吃而抨擊你，那要想想這群人算不算真正的朋友。也問問自己，如果旁人被戴了綠帽，你會犀利批評他們嗎？你對那些被背叛的人有什麼感覺？你會對他們生氣或是同情對方？你會安慰還是批評他們？

「我永遠走不出來了。」

發現對方偷吃的時候，受到的驚嚇可能會讓你極為憤怒、憂鬱、不解與絕望，這些強烈的感受可能會成為你窺探未來的鏡頭，但就像其他突然湧現的情緒一樣，這種種情緒最終會慢慢淡去，只是我們往往會依據當下的情感去預測未來。

回想一下過去某個讓你情緒暴漲的事件，那種負面情緒的起因或許是你失去了人生中重要的人事物——例如：至親過世，或者因為失業而失落，又或者被朋友或情人背叛。現在，從過去那個時點快轉到當下，你會發現過去那些強烈的感受對照現在的感覺，負面的情緒已經淡去。實際上，你很有可能會想起這段期間極快樂的心情與經驗。或許你認為自己永遠走不出來，這種想法很自然——承認這份痛苦也格外重要——但我們通常比自己想的還要堅強。在危機發生的當下，我們往往出乎意料地強壯。

「我再也無法相信身邊那個人。」

這又是一個再自然不過的反應，幾乎每一個被背叛的人都會這麼想。但也許到最後，你有辦法把這次踰矩的行為放到更大的框架底下、從整段親密關係的角度來看這起事件。舉例而言，有位男士告訴我，在他和他老婆關係特別差的時候，老婆出軌了，但他們一起修復婚姻，攜手照顧孩子，回歸日常生活，爾後老婆那次背叛對他而言越來越不重要。我不是說你要對外遇視而不見或自動恢復，而是建議你拉到整段關係的高度看事情，綜觀你們的過去、現在與可能的未來。

婚外情曝光後，要重建信任絕非易事，並不是做出承諾、道歉或單純期待情況改變就能達成。兩個人想重建信任的心情複雜，包括你怕再次受傷、另一半不希望自己的行為受到拘束或控制。我建議你們要設立重建信任的計畫，因為信任並不會自動復原。

「這代表我們的關係自始至終都是在浪費時間或是一場騙局。」

當我們感到憤怒會焦慮，經常會出現這種全有或全無的想法，並因此感到絕望與屈辱。你可能會相信過去這段關係中美好的一切都是騙局，但這種觀點既不合理，也不正確，畢竟光是在你讀這句話的當下，心裡很可能已經浮現許多美好的回憶，你或許會回我，「但想到這些快樂的過往，只會讓我更加難受。」或許是這樣沒錯。事實上，你或許還想說服自己這段感情毫無意義，而你什麼都沒有失去。但還是老話一句，你要後退一步，想想這段感情中其他美好的片段，思考未來有沒有可能把這些美麗的故事找回來或進一步加強。如此一來，就可以把背叛的事情放到整段感情的框架下思考，而這段感情有可能在你受傷之後繼續滋長。

「我再也無法相信任何人。」

有個女人發現老公和同事搞婚外情，她覺得受傷、丟臉，她告訴我，「我再也無法相信任何人。」但在經歷離婚與爭奪扶養權的重重難關之後，她發現自己身為一個人，還有許多要做的事，也發現自己仍想和其他男人發展新的戀情——只是那個男人不會是現在離開的這一位。

面對背叛，她第一個反應是自己再也無法相信別人，那其實是出於自我保護的心理。她想保護自己，避免未來再次遭受背叛，但她發現自己仍然渴望陪伴、想於他人共享人生、想從逝去的戀情中吸取經驗，而這份渴望比對再次受傷的畏懼更加重要。我告訴她，「如果妳不與任何人來往，妳鐵定會受傷。如果妳和某個人交往，可能會受傷。我們這一生不可能指望壞事永遠不發生在自己身上，妳應該問自己的是：**值得嗎？**」

三年後，她來找我討論她兒子的事。她告訴我，她很高興前一段婚姻結束了。過去幾年，她和另一位男人交往，那個人與她的關係更加平等，她相信前夫的背叛導致兩人離婚，為她開啟了另一扇門，讓她發展戀情，也獲得個人的成長。她認為自己可以再次相信別人，因為現任伴侶更值得信賴，兩個人也有許多相同興趣與價值觀。所以請記住，或許你面對背叛的第一個反應是相信自己無法再信任任何人，但第一時間的反應未必是你未來的想法，你還要等著看人生如何開展。

找到改變的動力

不忠的行為曝光之後，你們兩個人可能要考慮為重建信任做出規劃。信任不是你想要就能自動到位的東西，不能只靠個人主張、承諾與道歉就想把信任找回來。信任像肌肉一樣，可能隨著時間弱化或萎縮，需要十分努力才能練回來——而且不保證努力就有回報。也不能只靠一方努力，重建信任需要兩個人共同投入。

一開始我要先問一個問題，雖然你可能覺得沒有必要，但我還是要問，「重建信任的優點跟缺點是什麼？」你跟你的伴侶可能要先討論一下利弊得失。

重建信任的優點

- 你不會那麼焦慮。
- 你們會更親密。
- 你們在規劃未來的同時，不用擔心之後可能還會發生什麼事。

重建信任的感覺或許很好，但我們也不要太天真，不要忽略背叛的嚴重性，我理解「背叛」對任何人而言都是大事，我們還無法得知你們能不能重拾信任，因此，你們得抱持且看且走的態度，而等待可能令人痛苦。

重建信任的缺點

你可能會想，「都被背叛了一次，再相信那個人我就太過愚昧了。」這種想法非常合理，你也確實該考慮一下不再信任對方的可能性。如果你是被背叛的人，應該會想著如何不要讓自己再次受傷，但你要權衡怕受傷和想繼續這段感情——甚至加深這段感情——的心情。

如果你是偷吃的一方，要想想自己願意做出哪些妥協與改變來重建信任。你不能只是對另一半說，「我為自己做過的事情感到抱歉，你就再相信我一次吧！」你或許真心相信自己所說的話，但實在不怎麼有說服力。要重獲信任仰賴的是**實際作為**，也就是說你需要做出一些你不喜歡的改變。為了重建信任，你們雙方都要努力，並且誠實面對你在努力之際，心中的五味雜陳。

有些人說，「如果我不信任另一半，要怎麼為這段感情努力？」這種想法完全合理也很自然，但這兩件事並不相斥。你們可以持續改善溝通品質、共創更多美好回憶，一起解決問題、設定正向目標並一起努力，同時承認自己沒辦法百分百信任對方。接受你**現在還不願意信任他**，就能帶著這份想法持續努力，為這段感情重新寫下更多正面的故事。

約法三章

現在我們假設你們已經決定要重建信任，這代表兩個人要約法三章，講清楚彼此之間要分享哪些資訊、說明哪些情節。舉例而言，有位男性告訴我他會和前女友私會、共享午晚餐、小酌一杯，並且不會告知同居女性這些支線冒險，他認為前女友也是好朋友，這些約會對現在這段關係而言不具任何意義。但是想與他結婚生子的同居女友發現他的密會行程後，覺得自己被背叛了。

他們決定要設立規則：以後不能再有這些密會情事。他要和前女友或朋友見面的時候，會把整場活動的計畫告訴她。男方起先不太願意，因為他想保留開放的選擇、享受調情，並將自己視為獨立個體，也不喜歡對另一個人報備。我建議他，如果他要是**「情侶」**當中的一方，就不能認為自己是完全自由的個人，以信任的角度來說，他必須想到自己的行為會受到檢視。如果他對伴侶隱瞞這些約會，那他就是偷偷來、破壞信任。我與他分享了自己的觀察，很多人自認可以分割人生，與他人私會的同時經營主要戀情，但長期而言，這種做法會帶來很大的壓力，支線故事被主線伴侶發現的時候，往往會爆出超大危機。

我的建議是：**簡化事情**。我提醒他，幽會的誘惑或許能為你帶來短時間的快樂，或許是一小時的飄飄然，也讓你短期自尊心大增，但長期造成的後果可能持久又嚴重。他需要衡量一下，調情的快樂與讓伴侶受傷、摧毀感情的風險孰輕孰重。關鍵問題是：「值得嗎？」

信任需要時間和努力才能緩慢建立。透過溝通、創造正面經驗、共同參與活動可以加強信任，但並非一蹴可幾。

此外，信任需要**呵護**。我會問其他人說，「你今天要怎麼做才能守護你和伴侶對彼此的信任？」當我們把感情視為**我們的東西**，而不是**我現在想要的東西**，就能建立信任。這是因為當我們在做決定的時候，依據的是怎麼做對這段關係好，而不是依據我想要什麼、此刻怎麼做對我最好，兩個人就能建立信任感和良好的關係。把戀情視為你想盡一切所能去守護的珍寶，在建立信任的時候，你或許會想，「我這樣做或下這個決定，另一半會有什麼感覺？會不會影響她對我的信任？」信任是**目標**，不單是你期待自然發生的意外結果。信任不會自然發生。

傾聽伴侶的聲音

如果你希望對方告訴你他做了些什麼、打算做什麼，你也要想想自己如何回應他。例如，你希望另一半告訴你他在公司或社交場合和哪些人打交道，你就要樂於傾聽，不要口出惡言。

羅傑非常嫉妒珊卓拉的同事，常常質問她和同事之間的互動關係。可想而知，珊卓拉起了防衛心，不想被盤查。經過好幾個月的爭吵，她終於坦承某次出差的時候，她喝醉酒後，和其中一位同事上床。這件事讓羅傑生氣又受挫，羅傑告訴我，這件事情證明他吃醋超級合理。

可想而知，羅傑在得知自己被背叛後，變得更愛吃醋和擔憂，然而，這件事最終成為兩人感情的轉捩點。珊卓拉告訴羅傑自己正經歷中年危機，她覺得自己不再有魅力，近幾個月越來越缺乏自尊心。前一年，和羅傑爭吵、被羅傑質問讓她選擇疏遠對方。她說，她知道自己做錯了，也覺得很愧疚，讓羅傑失望她自己也不好受，因為羅傑值得更好的對待。因此，相較於分手，兩個人選擇把這次事件當成轉機——開啟另一扇門的危機。他們要一起經營這段感情，把當年讓兩人走到一起的相處品質找回來。他們深愛孩子，也喜歡與彼此相處，而兩個人都發現他們在性事上需要重建與更新。

我和羅傑討論，如果他和珊卓拉要重建信任，他在珊卓拉分享自己與同事的互動時，必須要改變回應的方式。再怎麼說，珊卓拉就是在商場打滾，她勢必要四處旅行，也得和男性同事共處，如果羅傑希望珊卓拉談談某位男士對她有意思或她和某位男士進行商務會談，那麼在珊卓拉單純分享工作內容時，羅傑就要更有智慧，不要言語攻擊或充滿敵意。我也提醒他，就像他覺得老婆很吸引人，其他男生也會這麼想，他們要找珊卓拉調情也沒什麼意外，但這不代表珊卓拉就會出軌。既然希望珊卓拉更信任他、多談談自己和他人的互動，他就要更有耐心聆聽。想要珊卓拉多說話，就得學會傾聽。

尊重另一半、仔細聆聽，不代表聽的時候你就不吃醋，你可以吃醋，但不去指控或攻擊對方，你可以把情感**放在心裡**，也可以和對方達成共識，當你說，「你和我說這些的時候，我會吃醋。」並不是在指責對方做錯事。你們雙方一起決定哪些舉措可以接受，但無論如何，只要希望另一半告訴你他／她做了什麼，就必須拿出尊重的態度、好好傾聽。信任會在講者與聽者之間雙向流動。

專注於共同目標

其中一個建立信任的方法是專注於共同目標，不要把焦點放在衝突或背叛（無論如何你都會去想），你們要把重點放在兩個人共同的、特定的價值與目標，或許包括當一對好父母、一起規劃未來、一起參與活動，開始把兩個人想成一個**雙人團隊**，而不是敵人。

我記得有一對夫妻老是把焦點放在他們意見不同的點，然後一直無意義地爭執與自我防衛。我建議他們去尋找共同目標，就算只是一些簡單的活動也好。我請夫妻倆寫下他們想和對方一起做的事，各自寫完清單之後，我要他們寫到黑板上，當然有些活動只有一個人喜歡（例如：看足球賽的電視轉播。）但還是有一些他們想一起做的事，因此他們找到了**共同點**。他們開始規劃、實際執行一些共同目標，再看看狀況如何，結果出乎他們所料，當他們接受了彼此之間的差異，忽然發現兩人有很多相同之處。

另一對夫妻經歷了外遇危機，發現他們一樣重視三個孩子的福祉。因此，我建議他們思考在讓孩子過得更好這件事情上，兩人有什麼共同的想法。他們討論出對孩子的規範、獎賞、讀書時間與玩樂日期，討論如何幫女兒規劃夏令營、參加哪個夏令營最好。最後，我們聚焦在他們希望孩子擁有哪些價值觀與特質，像是憐憫、善良、自我約束、正直、合群。從這裡開始，進一步討論兩個人如何在這幾個特質上，成為孩子的模範。當他們擁有相同目標並為此努力，互信程度開始增加，也體認到他們需要彼此才能成為更好的父母。透過共享價值與目標，這對夫妻開始跨過過往的失望與恨意。

最後一章本身就可以寫成一本書，但那本書的內容遠遠超越這本書的範疇——**嫉妒**。我寫這本書的目的是要說明吃醋有時候是合理且健康的反應，也可能是信任被破壞的時候，為了調適而產生的第一反應。然而，我們也可以把嫉妒心想成第一步，這一步邁向長遠的旅程：加強改善關係的動機、約法三章來建立信任、加強傾聽的技巧、將兩人關係視為**我們的東西**而非**我的決定**、以及透過追求共同目標與價值加深兩人的連結。這一段路走起來絕對不輕鬆，但並非不可能，只有你和你的另一半能夠決定兩個人可以走到哪裡，而這段路需要滿滿的耐性與苦工，才能走到終點。

綜合回顧

這本書就像一段漫長的旅程，走進「嫉妒」這種情緒的深處。不再從單一的角度看嫉妒這件事情，不直接認定嫉妒就是自尊心低落或提出不切實際的要求，相反地，我選擇從更宏觀的角度探究嫉妒心，談嬰兒、動物、歷史上各種醋意，並從演化適應性的角度討論嫉妒心。嫉妒關乎「親代投資」（parental investment），我們想傳承自己的基因、捍衛自身利益，嫉妒也關乎我們的天性——與親朋好友、同事相處時，自然想保護自己。就像聖奧古斯汀（Saint Augustine）說的，「不曾吃醋的人，不曾愛過。」妒意會折磨你、拆散友情與家庭，妒意是歌曲、傳說、悲劇與詩文的主題。

嫉妒是一種強烈、有時可能帶來危險的情緒，這種情緒值得我們審慎思考。我希望你知道自己不是唯一會嫉妒的人，也希望你能了解承認嫉妒的痛苦這件事非常重要，因為醋意關乎你與人生中最重要的人之間經歷的痛苦，這份痛苦往往伴隨困惑、愛、恐懼，甚至是恨意。承認嫉妒這件事很艱辛的一環，就是在你嫉妒得發狂時，更憐憫自己，如果可以，也對你的伴侶多一分憐惜。確實很難，有時候甚至會覺得不可能做到，但依然值得你去思考，以此為目標、甚至努力擁抱這個可能性。

你已經了解嫉妒背後的想法（「我的伴侶對她有興趣。」）和這些想法造成的情緒（生氣、焦慮、恨意）之間的差異，你也知道即使懷抱著妒意與各種情緒，仍然可以選擇要不要採取行動。有時候，光是認知到自己縱然有情緒，依然擁有選擇，就足以讓你自由，不需要緊緊拉著那一條把你拖往另一個方向的繩子。

我們已經看到，一旦思想與內心受到妒意的掌控，你會被情緒壓得喘不過氣，採取行動試圖終結痛苦。然而，我們因為嫉妒而採取的行動，恐怕比內心的情緒對我們傷害更大。我認為這些行動是策略，涵蓋各種不同的行為，我們認為這些策略可以控制場面，讓自己不再受苦。這些行為包括質問、查勤、找線索、反覆確認對方想法、監視、跟蹤、打擊伴侶的信心、威脅要分手，以及冷淡疏遠。當你的內心情緒高漲，這些策略感覺上很合理，但實際上每一個都有可能導致我們最害怕的結果—結束這段關係。你或許有更好的做法。

我們每一個人當然都有權利擁有各種情緒，而會嫉妒這種事情非常普遍，絕對不只發生在你身上。要處理的問題是「妒意劫持」（Jealousy Hijack）造成你糾結、擔憂、低潮，並引發關係中嚴重的衝突。重點在於如何緩和這些情緒造成的結果，雖然很困難，但我們觀察到靠著後退一步，遠離吃醋的想法與情緒，並接受自己確實抱持著這些情緒，會有所幫助。後退一步，讓我們有空間去感受各種情緒，與我們的所想、所感共存，不需要被其掌控。有意識地抽離與接受，不代表我們認為伴侶做、或者沒做我們懷疑的事情都無所謂，而是代表我們認知到自己在吃醋，但不會採取破壞自身利益的行動。

當我們後退一步，也可以暫時停下來，反省一下自己的想法是否合情合理。我們經常滿腦子想的就是要用讀心術去猜測伴侶想要什麼，或者是預言結果有多壞，但其實我們也可以認真衡量是否有證據佐證我們的第六感。有時候我們有所偏見，只專注在某一種看事情的角度，也有些時候我們真的猜對了。但無論如何，強烈情緒不代表我們的想法就是正確的，應該稍微抽離、好好檢視，因為我們往往都不清楚真相的全貌。

許多時候，我們也會發現是自己設立的規則和假設餵養了嫉妒心。這些規則通常奠基於對愛情、承諾與戀愛關係的完美主義，有些規則反映了我們認定另一半絕對不能被其他人吸引，或是相信現任伴侶的前任會威脅到現在的關係。秉持完美主義，使我們經常承受不必要的折磨。現實並不純潔也不完美，事實是，我們都是墜入凡間的天使，我們都有進步空間，也都會尋求他人的理解，甚至在必要時候——需要被原諒。每個人都有過去，包括你自己，但真正重要的只有現在和未來。

當我們與現任伴侶討論自己嫉妒的感覺，一定要記得彼此尊重，雙方都希望自己受到信任。會想大發脾氣、貼標籤、指控對方很正常，我們的伴侶也確實有可能犯了錯、隱瞞些什麼，或辜負了我們的信任，但或許透過互相尊重的討論，從不同角度了解現在的狀況，可以幫助雙方為重建未來信任，設立明確的規章。

你或許已經發現，在看完這本書之後，你可以用不同的角度來看嫉妒的想法、情緒與行為，有很多你可以採用的譬喻，也有多種回應對方的方式。處理嫉妒心沒有一體適用的做法，因為你與你的關係都獨一無二又瞬息萬變。在進入一段新戀情的時候，我們總期待這段關係會很完美，沒有路障、不需要繞道，也不會與其他人對撞，但即使認真生活，人生依舊會充滿失望，即使良善，我們仍難免經歷苦痛。

誰都曾犯錯，每個人都需要成長。每一段關係看起來都充滿懸而未解的事項，我喜歡把關係譬喻為房間，想像雙方在擁擠的房間中生活，這個房間裡充滿回憶、不斷變化的風景。這是**你們的房間，你們兩個的**。挪一點空間出來容納妒意，可以讓兩個人好好生活在一起，你未必得開門離去。

致謝

能寫出這本書拜很多人所賜，如果我哪裡做得不好，一定不是他們任何一個人的錯。首先，我想感謝新先驅出版社（New Harbinger Publications）的編輯布瑞許（Ryan Buresh），他非常支持我，也針對本書架構給我很多建議，讓這本書更易讀、有用。我也要感謝同出版社的馬凱（Matthew McKay），謝謝他邀請我加入他們的群體，也謝謝他的支持與幽默。此外，還要感謝其他協助過我的新先驅出版社編輯，包括杜瑞克（Clancy Drake）、貝可維斯（Caleb Beckwith）、葛里爾（Vicraj Grill），他們很仔細地確認細節與最終成品，感謝他們的謹慎。謝謝我的研究助理石瓦姞（Sindhu Shivaji），她長時間投入，協助我做研究並編輯這本書，我很感激她，也祝福她心理學的職涯一帆風順。謝謝迪佛瑞歐（Bob Diforio）——我的「鬥牛犬」經紀人，他總是給我滿滿的支持與鼓勵，我真的欠他太多了。

許多人的研究都讓我獲益良多，我想藉此機會感謝撰寫這些研究的學者：戴維・巴斯（David Buss）、大衛・克拉克（David A. Clark）、戴維・克拉克（David M. Clark）、保羅・吉爾伯特（Paul Gilbert）、史帝夫・海耶斯（Steve Hayes）、史帝芬・霍夫曼（Stefan Hofmann）、瑪爾莎・林因漢（Marsha M. Linehan）、辛德・西格爾（Zindel V. Segal）、丹尼斯・提爾希（Dennis Tirch）、阿德里安・威爾斯（Adrian Wells）、馬克・威廉斯（Mark Williams）。我在美國認知療法協會（The American Institue for Cognitive Therapy，http://www.cognitivetherapynyc.com）的同事也提供我很多協助和想法，並在我寫作的過程當中，或多或少聽我分享了不同的段落。感謝你們的耐性。

最後，我要感謝我的賢妻——海倫（Helen），我何其幸運能有她在我身邊。她總是有辦法包容我的不完美，我至今仍為她這項能力感到驚艷，這本書獻給海倫，和她那顆寬容的心。